JN324938

EduTalk
NAKAMURADOH

これからの英語教育

フィリピン発・英語学習法

陰山英男×藤岡頼光

Future of English education

中村堂

これからの英語教育　もくじ

第三部　藤岡頼光氏　手記

講演者紹介

陰山　英男
かげやま　ひでお

一九五八年兵庫県生まれ。兵庫県朝来町（現朝来市）立山口小学校在職当時、百ます計算やインターネットの活用等により学力向上の成果を上げる。二〇〇〇年十月にNHKテレビ「クローズアップ現代『学校は勉強するところだ　～ある公立小学校の試み～』」で取り上げられ、大きな反響を呼ぶ。公募により二〇〇三年四月から土堂小学校の校長に就任。以降、「基礎・基本の徹底」と「早寝・早起き・朝ごはん」に代表される生活習慣の改善による学力向上運動に取り組む。現在、立命館大学教育開発推進機構教授（立命館小学校校長顧問）。文部科学省中央教育審議会教育課程部会委員。大阪府教育委員会委員長。NPO法人日本教育再興連盟代表理事。徹底反復研究会代表。

著書は、『東大生を育てた家庭の力』（中村堂）、『本当の学力をつける本』（文藝春秋）、『学力の新しいルール』（文藝春秋）、『若き教師のための授業学』（日本標準）、『陰山メソッド徹底反復シリーズ』（小学館）など多数。

藤岡　頼光

ふじおか　らいこう

一九六五年埼玉県生まれ。フィリピン・セブ島を拠点とする英会話学校「QQイングリッシュ」代表。一九九二年バイク便・株式会社キュウ急便設立。二〇〇〇年バイクショップ「コネクティング・ロッド」設立。二〇〇五年バイク輸入業「マラグーティー・ジャポーネ」設立。二〇〇六年フィリピン・セブ島に留学。二〇〇九年オンライン英会話事業「QQイングリッシュ」開始。二〇一二年オフライン英会話事業・セブ島留学開始。現在、オンライン（スカイプ）レッスン部門、セブ島本校への留学部門を併設するフィリピン最大の英会話学校を経営。東京、セブ、上海、ソウル、サンパウロ、テヘランに支店を展開。

二〇一五年三月一日現在

第一部　陰山英男氏　講演

「最近の教育動向と英語教育」

1 最近の教育動向

皆さん、おはようございます。年末の徹底反復研究会のセミナーへのご参加、ごくろうさまです。

昨日が仕事納めということで、年末の最後の最後までお仕事をされていたという人が多いのではないかと思います。お忙しい中、セミナーにご参加いただき、ありがとうございます。

私は、十二月一日から二一日までの三週間、フィリピンのセブ島で、英語の勉強をするために缶詰め状態になってきました。

グローバル化という大きな波、そして二〇二〇年の東京オリンピック開催に向けて、教育も大きく様変わりしていくであろうと考えています。

それに合わせてということだけではありませんが、岸本裕史先生（注1）が提起された百ます計算から始まった徹底反復の学習効果について、その質が大きく変わってきているように思います。徹底反復学習の提唱以降、いろいろなことが新しく分かってきています。

例えば、これまでは、小学生の各学年の子どもの家庭学習時間の目安として「十五分×学年」などと言われてきましたが、どうやらそうでもないな、と思い始めています。

それは、「勉強時間を増やしたからといって、学力があがるというものではない」ということが、相当はっきりと分かってきたからです。

むしろ重要なのは、きちんと子どもたちが集中して勉強に立ち向かうことなのです。

岸本先生が、「陰山くん、『集中』それが全てだよ」と仰っていたのを思い出します。


教育のさまざまな「常識」というものが学校に限らず社会全体や家庭にありますが、その中には相当怪しいものがずいぶんあります。そして、それらの常識による影響というものを我々は必然的に受けざるを得ない状況があるわけです。

しかしながら、実践が進むことによって、そうしたある種の思い込みから逃れられるような時代になってきたのではないかと思っているのです。

また、そのようにしていかないと、二〇二〇年を迎える教育の変化に対応できないのではないかとも思っています。

最初に、英語教育のことについて触れておきたいと思います。

今日のセミナーでは、午後のいちばん最初に、藤岡頼光さんというフィリピンのセブ島で「QQイングリッシュ」という英語教育をなさっている方にお話ししていただきます。

私は、現在、QQイングリッシュと学研ホールディングスと提携して、これからの子どもたちの英語教育をどのようにしていくかについて、具体的に提案をしていこうと考えているところです。

ちょうどフィリピンにいた十二月十七日に、学研ホールディングスがオンライン英会話の事業を始めることを日本経済新聞が報道しました。すると、その報道によって学研ホールディングスの株価が一時的に五パーセント以上上がりました。学研ホールディングスは大きな会社ですから、それだけでかなりの資金を市場から得ることになりました。

今、経済的な側面から申し上げましたが、このことに象徴されるように社会的な関心が英語教育に集まっていることは間違いありません。

文部科学省の中央教育審議会（注2　以下、中教審）でも、英語教育をどのようにしていくかということについて議論が始まりました。

小学校の中学年で週一時間、高学年で週三時間という枠で、教科化するという方針が掲げられていますが、どうしてこの時間数なのかと聞かれても、初めてですから、具体的な根拠となるものはない状況です。

内容的にもどうするかについては、これからの話です。

現時点では、小学校の一時間なり三時間は、学級担任の先生が指導することになっています。週三時間といったら、小学校の高学年では、社会科や理科と同じ時間数です。英語教育について学んでいない現在の先生方が、自信をもって子どもたちに指導ができるのかという大きな疑問があります。

今後、六年間でそのための準備をしていくということになっています。

韓国では、英語教育をスタートする前に、三年間かけて、全教員を対象とした研修を国の費用で行っています。日本でも、県単位で、全教員の研修を行っているところがあると聞いたことがありますが、国自体が予算を付けて研修を実施するという計画は、今のところないようです。今後の中教審の議論の進み方自体では、そういう動きも出てくるかもしれませんが、今の国の財政状態を考えると、厳しいだろうなと思わざるを得ません。

皆さんもご承知のとおり、財務省の財政制度審議会の分科会で、公立小学校で行われている三十五人学級を四十人学級に戻すべきだ、という案が提示されました。
私自身、財務省の人たちとも話す機会が少なくありませんが、私もこの問題について考えてみましたが、財務省は、三十五人学級にすること自体を反対しているのではないと思うのです。財政当局としては、それに見合った実績が上がっていないじゃないか、というのがいちばんのポイントで、実績が上がっていないところに予算を付けることはできない、というのが財務省の基本的スタンスだと思います。

「だったら、三十五人学級を四十人に戻して、どんなにひどくなるか見てもらえばいいじゃないか」とまで言っている人もいたようですが、そのような争いになると、もっともっと予算額を下げられるだけだと思います。そうなれば、「民間に委ねちゃえばいいじゃないか」と財務当局は言うと思います。

財政状況が厳しい中で、財務省の采配も厳しくなっています、財務省の人たちは結構くまなく学校現場を回って、実態を把握しようとしていますし、ある意味すごいなと、私は評価しています。

私自身が指導に入っている、佐賀県の小学校とか、福岡県飯塚市の小学校などには、財務省のトップクラスが直接視察に行っています。その意味ではごまかしが効かない状況です。

そうしたことは、当然文部科学省の人たちも分かっていますが、都道府県教育委員会の人たちにはその辺りの動きは見えていないですし、一般の教職員にしてみたら「現場の分かっていない財務省が何言っているんだよ」と言ってしまいがちですが、財務省の皆さんは、現場も見て、相当理解しています。官僚の中の官僚というだけあって、私は正直、この人たちとだけは喧嘩をしたくないなと思っています。頭の回転の速さや、キレの凄さ、頭の中のデータ量は半端ではないですね。財務省の人たちは、たくさんのことを知識としてもち、現場を回って、そのうえで判断をしています。

つまり、財務省の言っていることは、そんなに無視できるほど甘いものではないということを私は皆さんにお伝えしたいのです。

逆に言えば、しっかりと実績を出したところには、予算を付けてくれます。教育が大事だということは、財務省は十分、分かっていますから。

注1　岸本裕史

一九三〇年〜二〇〇六年。「見える学力・見えない学力」という学力に関する概念を提起し、教育現場に大きな影響を与えた。徹底した反復練習によって落ちこぼれをなくす主張を展開した。

注2　中央教育審議会

二〇〇一年（平成一三年）文部科学省に設置。審議会の主な所掌事務は、次のとおり。

(1)文部科学大臣の諮問に応じて、1．教育の振興及び生涯学習の推進を中核とした豊かな人間性を備えた創造的な人材の育成に関する重要事項、2．スポーツの振興に関する重要事項を調査審議し、文部科学大臣に意見を述べること。

(2)文部科学大臣の諮問に応じて生涯学習に係る機会の整備に関する重要事項を調査審議し、文部科学大臣又は関係行政機関長に意見を述べること。

(3)法令の規定に基づき審議会の権限に属させられた事項を処理すること。

※文部科学省ホームページより

2 成果を事実で示す

今、いちばん問題になっているのは、タブレットを全国の学校に配るかということですが、活用できる学校が増えてくれれば、財務省も予算を付けると思います。

過去の例として、電子黒板のことがあります。

最初に全学級に電子黒板を据え付けたのは、私が校長をやっていたときの広島県尾道市立土堂小学校（注3）でした。土堂小学校に取材に入っていた出版社の協力もあって、電子黒板を校内全部の教室に設置しました。

校内に電子黒板が数台しかないという状況ですと、借りに行って、教室に設置し、使い終わったら元に戻さなくてはいけませんから、どうしても活用が進みません。全教室にあれば自由に使えますし、交流もできるようになります。必要な教材のデータも共有するようになって、非常に効果的になっていきます。

そのときに創り上げた仕組みを、その後、立命館小学校で応用して運用を始めました。立命館小学校にそのシステムを入れるときに、どこのメーカーのものを導入するかを検討しました。カナダとイギリスと日本の三社が候補になっていました。

当時、電子黒板の活用については、イギリスがいちばん進んでいました。

イギリスは、教科書制度が整っていませんので、先生方一人ひとりが、教材をつくらなければならないという事情があります。そんなことも影響して、教師による指導力の差が大きいという問題をイギリスでは抱えていて、それを補う意味で電子黒板を全教室に置いたのです。教材のデータを共有する仕組みを創り上げ、電子黒板の活用が進んでいました。イギリスのメーカーは、それを日本に導入しようとして、大方は決まりかけていました。

しかし、私はそれに待ったをかけました。そして、かなり強引でしたが、日本製のものを導入しました。

なぜかというと、日本には日本の指導の方法、学習の仕方というものがあります。電子黒板を導入したからといって、それで終わりではありません。必ず、メンテナンスが必要です。導入後、イギリスのメーカーがどこまでメンテナンスができるのかを確認したわけですが、それは難しいということでしたので、身近な日本のメーカーを選んだのです。

当時の日本の電子黒板のメーカーの技術は、正直言うと遅れていました。であれば、逆に、立命館小学校での経験を生かして、活用の方法などを研究してもらって、そこがトップリーダーになっていければ、他の日本のメーカーにもよい波及効果があるだろうと考えたわけです。

その立命館小学校の電子黒板のシステムを政府の方が視察に来られました。視察のあとで、電子黒板の必要性と効果を評価してくださり、満額で予算を付けたいと話していただきました。当時は自民党の麻生政権でしたが、そのときに「スクール・ニューディール政策（注4）」というのが出されまして、学校のＩＣＴ化（注5）が推進され、電子黒板の導入も積極的でした。最終的には、予算額が絞られてしまったという結果になりましたが、このときにかなり拡充されたことは間違いありません。

私がこうしたできごとから何を言いたいかというと、「結果を出したところに予算が付くし、発展する」ということです。私たちは、教育実践をしていく中で、国だったら文科省に、地域でしたら保護者の方々に、これをすればこういう結果が出ます、ということを具体的に事実の姿として提示しなくては何も変わっていかないということです。

今、私がいちばん危惧していることは、学校の先生方の研修が、内向き志向になっていないか、教師の世界だけにこもった教育論議になっていないか、閉ざされた議論をしていないか、ということです。

私自身は、官僚にも会いますし、民間企業の方々とも話しますし、いざとなったらフィリピンに学びにも行きます。とにかく、教育とか学校とかの枠組みを超えて、情報に接し、情報を発信していこうという気持ちでずっと活動を続けています。

今日、この会場にお集まりいただいている方々は、教師だけではなく、学生さんとか保護者の方とか、民間企業の方などいろいろです。学校という枠組みを超えたところで、本当に子どもたちが伸びる、子どもたちを伸ばすということの本質に向かって、皆で力を合わせて考え、進んでいきたいなと思っています。

3 グローバリズムと英語

私が、これまでに提起してきたさまざまなことに関して、基本的には、どれもよい結果がでていると思っています。

最初に、「読み・書き・計算」を中心とした十五分のモジュール授業に取り組みました。従来の学習指導要領の中では、四十五分・一単位時間の授業をしないと授業時間と認定されませんでした。それも、今では、十五分の授業を一週間で三回やったら一時間に認定されるように変化しました。もっと言えば、百ます計算をきちんと授業に位置づけるということもできました。

それから、「漢字の一年分の前倒し学習（注6）」ですが、今日のセミナーの中で、このあと実践報告をしていただけると思いますが、「前倒し学習」も公に認められるようになりました。未だに「習っていない漢字は使ってはいけない、使えない」という指導が一部地域で行われているようなことを耳にすることもあります。そんな話を聞くと、正直、「いい加減にしろ」と思うこともありますが、学習指導要領としてはクリアしていることです。学習指導要領には「学年ごとに配当されている漢字は、児童の学習負担に配慮しつつ、必要に応じて、当該学年以前の学年又は当該学年以降の学年において指導することもできる」と示されています。このように変化してきているのです。

もう一つ、「早寝早起き朝ごはん」の取り組みについては、文部科学省が後ろ盾となって、全国協議会（注7）が組織されました。兵庫県の山口小学校でやっていた「生活習慣と学力との関係」を調べていく生活アンケートの取り組みがNHKテレビのクローズアップ現代という番組で紹介されてから、広島県で全国に先駆けて「基礎基本調査」という形で発展的に行われました。この中で、睡眠時間と朝ごはんの実態と学力が緊密な関係があるということが実証され、全国学力・学習状況調査（注8）に生かされて、生活習慣と学習習慣について、セットでチェックされるようにまでなってきました。

ICTの分野については、まだ道の途中ではありますが、タブレットを一人一台ずつ配布するというところが視野に入ってきていますので、私がやりたいと思ってきたことがひととおり峠を越えたという段階だと思っています。

では、次の段階はと言うと「グローバリズムと英語」の問題です。

グローバリズムの問題の中で最大の関心事は、このままいくと日本経済は破たんしてしまうのではないか、ということです。

一千兆円を超える日本国の負債は、いずれにしても何らかの形で返していかなくてはならないものです。そうした状況でのアベノミクスは、ある意味大きな賭けに出ているわけです。皆がお金を使ってくれるだろう、産業が豊かになるだろうということで、膨大なお金を市場に流しています。この手法で上手くいくのかどうか、誰にも分かりませんが、それほど危機的ということです。

この問題はどういう形に発展していくのか分かりませんが、そうしたときに、どう対応し、どう解決するのか。

海外との交流の中で活路を開くということにならざるを得ないのです。そういうときには、それをリードしていく、海外に目を向けた人材が必要なのです。

私は、現役の小学校教師のときに、歴史の授業の中で、子どもたちにつぎのような発問をよくしました。

「日本で、最も基本的な政治の形をつくったのは誰でしょうか」

小学生にはハイレベルすぎるとは思いますが、当時の私は、自分の学級から将来の総理大臣を輩出すると固く信じていましたから、こんな発問もどんどんしていました。

私のこの問題の答えは、「聖徳太子」です。「冠位十二階」は、行政改革です。「十七条の憲法」は、政治改革です。それから、小野妹子を遣隋使として派遣しました。

そして、最も強烈なのは、仏教の導入です。それまでは、村ごとに鎮守様があって、自分たちの神様をもっていたわけです。天皇家は、天照大神を祭り、蘇我氏は蘇我氏の神様を祭っていました。そうした統治をくつがえして、仏教を導入したわけですから、これは実はすごい政策だったわけです。

さらに、「十七条の憲法」の中では、「和を以って貴しとしましょう」と定めていますが、これもある意味、凄まじい話です。「自分たちの欲にとらわれていては国がだめになります。みんな欲を捨てて、仲良くしていくことが貴いことです」という考え方は、現在の日本の文化風土の土台となっているものですが、政治的、軍事的、経済的に対立するものを、頭の切り換えによって、ならしてしまおうという、とてつもない取り組みです。

そういったものを支えるためには、当然、天皇政府は財力をもっていなければなりません。文化や富というものを権力者はもっていないといけないのですが、自前で融通できなかったら海外からもってくるしかありません。そこで遣隋使を派遣し、平安時代には遣唐使へと受け継がれていきます。武士の時代になれば平清盛が神戸で貿易をしました。足利も、織田信長も、徳川もみんな、貿易をしています。

日本の国は、アジア大陸から海で隔たっていますが、微妙な距離です。ハワイのように完全に孤立しているわけでもなく、ドーバー海峡のように泳いで渡れるわけでもありません。この微妙な距離感は放っておくと停滞してしまいますから、停滞したときには無理をしてでも海外の文化や経済を取り入れて活性化させようとしてきたのです。

来年（平成二七年・二〇一五年）は戦後七十年の節目になります。

今日の日本の経済は、停滞期に入ってきています。そこで、このタイミングで、外資とか外国からのさまざまなものを導入して、日本の社会を活性化していこうという話につながっていくわけです。

では、今後、日本の経済がよくなっていくためには、全ての子どもたちは英語を必要とするのかというと、おそらく、実際はそういうことにはならないと思います。近所のお店でものを買うのに、ドルを使うことにはならないと思います。小学校の教員をしていても、これまでは英語とは全然関係なく過ごしてきた方が大半だと思います。

ただ、一歩海外に出てみると事情は違います。例えば私の本が韓国語で出版されるとか、台湾で出版されるとか、タイで販売される、フィリピンで先生方と教育について論議するというようなことがありますが、会話は全部英語で行われています。英語が必要になります。全ての人が英語を必要とするわけではありませんが、全ての人に、英語が必要となる可能性というか、「危険性」があるのです。

今回、フィリピンの学校へ行って出会った人の中で、いちばん面白い経歴だと思った方は、新潟県の農家の方でした。六十数歳でした。新潟の物産を海外に売るために、英語が話せないといけないということで、勉強に来ていました。

それから、九州の福岡の人もいました。福岡は、外国人の方がいっぱい入って来ています。国内を見回すと、新潟にはロシア系の人がたくさん入って来ていますし、北海道の稚内の街の居酒屋に行くと半分ロシア語になっていますよね。稚内に行くと樺太が見えますし、与那国島からは台湾が見えます。

日本は、実は海外と割と接してきていますし、今後もどんどん交流が進んでくると思います。そうなると、かなりの人が英語を必要とすることになってくると思います。英語を使う必要性が今まで以上に高くなってきますから、英語を使えるように事前にきちんと勉強しておく必要があると考えているのです。私が英語教育の重要性を感じている理由は、そこにあります。

注3　土堂小学校と陰山英男氏
土堂小学校は、広島県尾道市立の小学校。一九〇〇年に設立された歴史ある小学校。二〇〇五年から三年間、文部科学省の研究開発校に指定され、それに伴って、公募で校長を募集し、当時兵庫県朝来町立山口小学校の教諭であった陰山英男氏を校長に迎えた。

注4　スクール・ニューディール政策
二〇〇九年（平成二一年）四月に、当時の麻生内閣がとりまとめた「経済危機対策」において、文教市場分野において提唱された構想。「二一世紀の学校」にふさわしい教育環境の抜本的充実を図ることを目的として、学校耐震化の早期推進、学校への太陽光発電の導入をはじめとしたエコ改修、ＩＣＴ環境の整備等を一体的に推進するとして、約四千九百億円が計上された。

注5　学校のＩＣＴ化
最先端のＩＣＴ（Information and Communication Technology）機器（デジタルテレビ・電子黒板・パソコン等）・校内ＬＡＮ等を駆使して分かりやすい授業を実現していくこと。

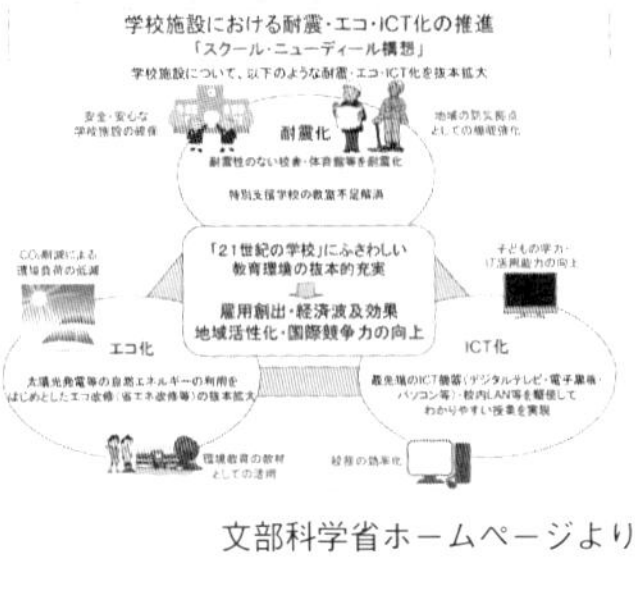

文部科学省ホームページより

注6　漢字の一年分の前倒し学習

「漢字の一年分の前倒し学習」は、陰山英男氏が発案した、教育漢字の完全定着を目指した漢字学習法。本来、一年かけて学ぶ各学年の配当漢字を、一か月～一学期間ですべて学習し、それ以降は、復習していくという学習法。漢字指導を前倒しして行うことで、残りの期間を復習に充てる反復練習によって漢字の定着率が高まる。

「漢字前倒し学習」用の教材として、「徹底反復　漢字プリント」（小学館）、「〇年の全漢字練習」（日本標準）がある。

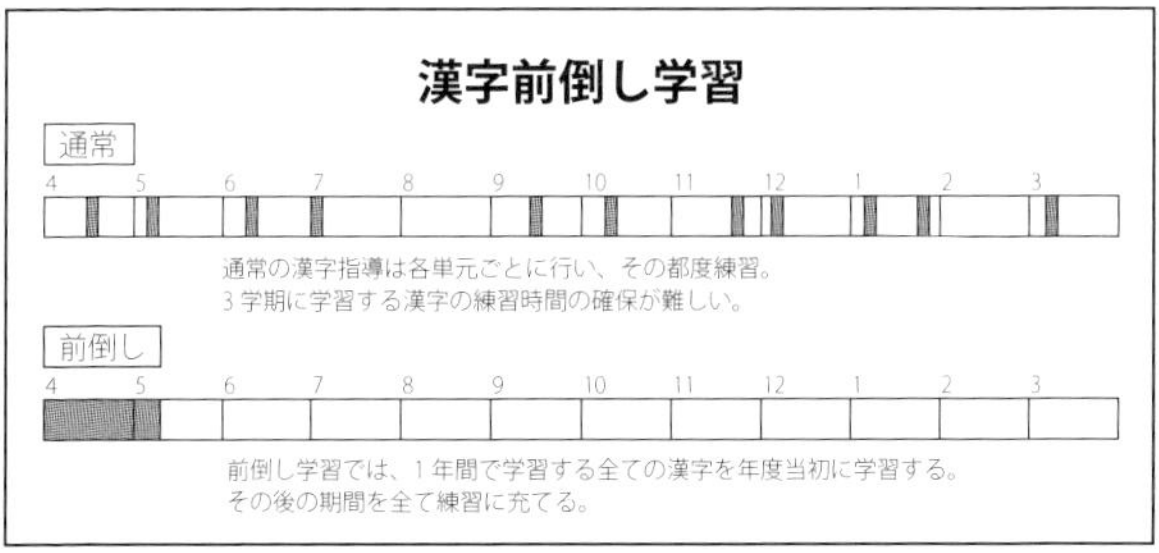

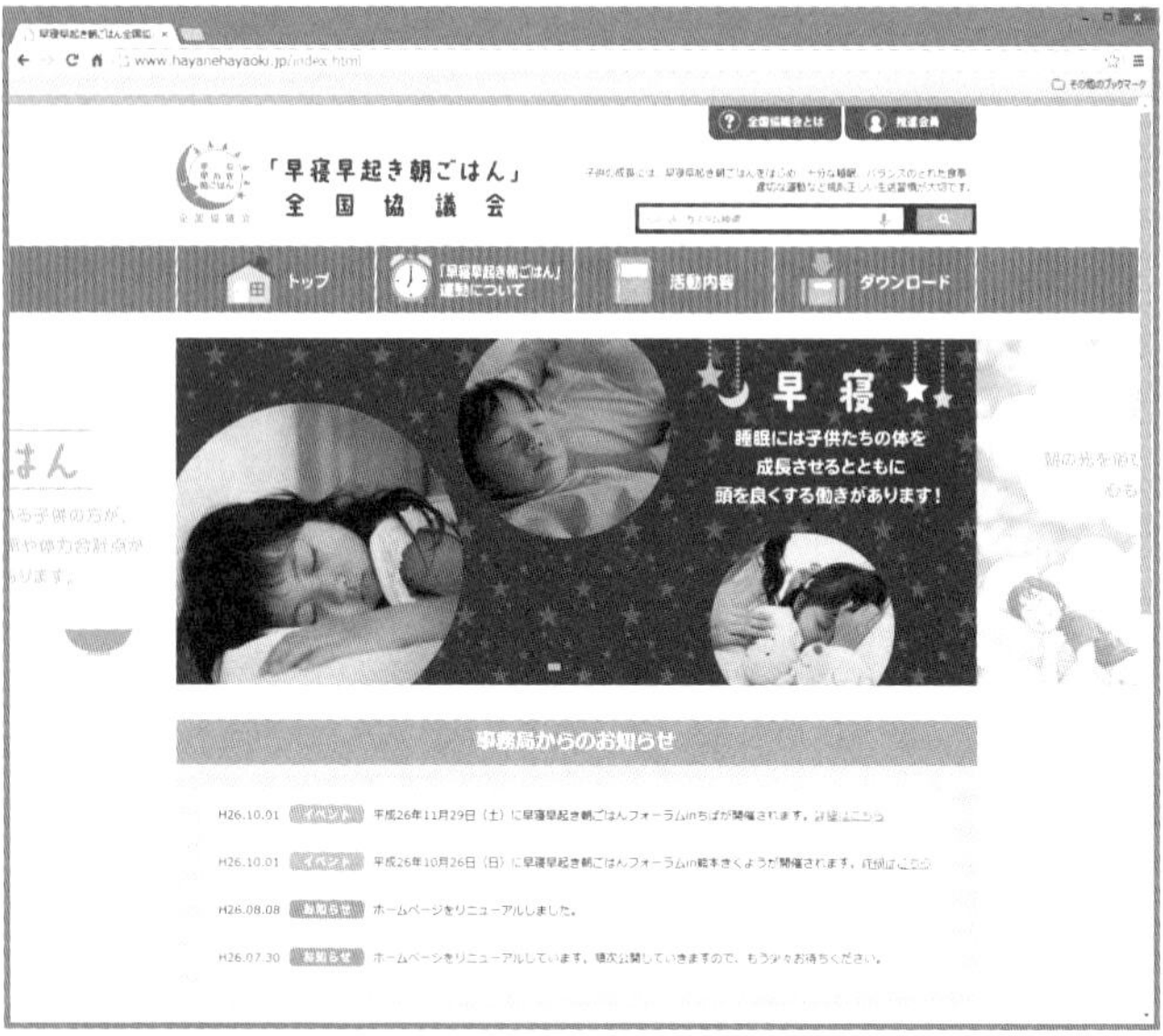

▲「早寝早起き朝ごはん」全国協議会のホームページ　(http://www.hayanehayaoki.jp/)

注7　「早寝早起き朝ごはん」全国協議会

　二〇〇二年（平成一四年）に、陰山英男氏が著書「本当の学力をつける本」（文藝春秋刊）で提起した「早寝早起き朝ご飯」に代表される生活習慣の改善は、その後、大きな運動へと発展。二〇〇六年（平成一八年）四月には、「早寝早起き朝ごはん」全国協議会が設立され、陰山英男氏は、その副会長に就任。全国協議会では、フォーラム等のイベントを開催するとともに、子どもの発達段階に合わせた「早寝早起き朝ごはん」のガイドを作成してホームページに掲載するなどの啓蒙活動をしている。

注8　全国学力・学習状況査

二〇〇七年（平成一九年）より、日本全国の小学六年生と中学三年生全員を対象として、毎年四月の第三もしくは第四火曜日に行われるテスト。一般に「全国学力テスト」とも呼ばれる。全員を対象としているが、二〇一〇年には約三割の抽出調査として実施。二〇一一年は、東日本大震災の影響で中止した。

4 日本語教育と英語教育

ここで話題になるのが、日本語もきちんと話せないのに、英語なんかやってどうするんだという議論です。これは、ここ一、二年の間で解決していかなければならない問題だとは思いますが、私の中ではこれに対する答えははっきりしていまして、「日本語教育に悪影響を及ぼすほど英語教育が進んだら立派ですよね」ということです。

肝心なのは、「英語とは何ぞや」とか、「英語が子どもたちの学習にどう影響を与えるのか」ということですが、その辺りの本題の議論がされていないのではないかと思います。現状の日本の英語教育で英語の力はついているのかを考えたときに、否定的な意見が多いように思います。日本の英語教育は、そんなにだめなのでしょうか。

私が今回、フィリピンで英語を学んで実感したことは、「学校の英語は、きちんと勉強しましょうね」ということです。これがいちばんの想いです。日本の学校で学ぶ英語は、社会で英語を実際に使う際の土台になることは間違いありません。

フィリピンの英語学校での教育方法も、基本的には海外の英語教育が基本になっていますが、ほぼ日本の英語教育の方法と同じです。違うのは、解説が英語で行われていることぐらいです。日本の学校での英語が身についていないと、フィリピンの英語学校の学習についていくのはしんどいと思います。

リーディングは、昔より楽に学べるようになりました。電子辞書ができましたから、早く意味が分かるようになりました。

ヒアリングについては、歳をとると耳が悪くなってうまく聞き取れないと言う人がいますが、私はそんなことはないと思います。今回の三週間の学習の中でいちばん伸びた力は、聞き取りの能力だと思っています。

朝四コマの授業、昼から四コマの授業、計一日八コマです。三週間ずっと英語を聞いているとある程度聞けるようになってきて、帰りの飛行機の中の英語のアナウンスが、聞き取れるようになりました。帰って来て洋画を観ましたが、それも聞き取れるようになりました。耳の能力が高まって、単語が自然に入ってくるということを実感しています。

問題は話す能力です。日本人が「英語ができない」というのは、「話せない」ということです。何で話せないのかと考えてみると、例えば「陰山先生、○○について教えてください」と言われたときに、まず日本語で内容が頭に浮かびます。これを英単語に置き換えて、語順を入れ替えている間に、会話は先に行ってしまいます。リスニングも同じですが、単語を日本語に翻訳して並べ替えていると、話題は次に行ってしまって、ついて行けないのです。

年明け（二〇一五年）の一月三一日に、立命館小学校の公開授業研究会が行われますが、その中で、私と立命館大学国際平和ミュージアム館長のモンテ・カセム氏との教育対談を行います。私が、モンテ・カセム氏を指名させていただきました。モンテ・カセム氏はスリランカご出身です。

モンテ・カセム氏との打ち合わせの中で、語学のことをお尋ねしました。モンテ・カセム氏は、こう仰っていました。「日本語を習うのは大変でした。特に、最初の頃は、聞いた日本語を頭の中で翻訳するのが難しかったのです。ただ、ある段階でその言葉がその言葉のまま頭に入るようになってきたときから、一気に楽になりました」と。

私は、そういう状態になるのが、英語教育の本当のゴールだと思います。その状態になるためには、何が必要かというと、英語の体系を頭の中に全部入れるという大げさなことではなくていいので、日常的に使われている英会話の内容レベルのものを、とことん繰り返し聞いて話して、スコーンとまるごと入れてしまうことだと思っています。

日本の英語学習は、読み書きを中心に相当ハイレベルなことをやっています。ですから、海外でリーディングの授業を受けるにしても、日本の大学入試の英語の方がはるかに難しいくらいですから、全く弱気になる必要はありません。高校一年程度の英語の力をきちんと身につけていれば、海外の英語学校のリーディングは十分に対応できると思います。

また、日常的にコミュニケーションをするとか、日常的な話をするというレベルであれば、日本の英語教育をきちんと受けていれば、十分通用すると思います。でも、やはり「話せない」となってしまうのは、どうしてなのでしょう。さらに突き詰めて考えてみると、一部、話せることもあります。それはある意味当たり前ですが、言い慣れている言葉です。つまり、必要な言葉を抽出して、徹底反復して自分の中に入れてしまえばいいわけです。ここで、私は可能性を感じました。

5 今後の英語教育

今回、フィリピンの学校で学ぶ中でいろいろ気づいたことがあるのですが、一つは学習法についてです。

いろいろな英語学習の方法がありますが、ルーツを訪ねてみると、本家本元はやはりイギリスです。おそらく、ケンブリッジでつくられた英語学習法が基本となって広まって定着しているのだと思います。

私自身、多くの海外の学校を視察させていただいてきましたが、私の個人的な評価としては、イギリスの教育の方法は、日本人に向いているようには思えません。

イギリスでは学力の格差が大きいですね。話す言葉のレベルも違います。やはり、お金のかけ方が違うのです。

一つ例を挙げます。日本には「ズッコケ三人組（注9）」という名作と言われる児童文学シリーズがあります。これに匹敵するような英語の本というのを聞いたことがありません。誰でも楽しめる英語の本があれば子どもに勧めますが、残念ながら適した本が見当たらないのです。

日本の本屋さんには、児童書が豊富に並んでいますが、私の知る限りあのように豊かなのは日本だけではないかと思います。

世界一の学力の国と言われるフィンランドにも行ってきました。児童書一冊の価格が三千円程度します。高いので、なかなか買えないのです。フィンランドの人口は五百万人ちょっとなので、ベストセラーといっても、一万部や二万部ほどの発行部数です。したがって、どうしても一冊あたりの単価が高くなってしまうという背景があります。日本のように子ども向けの本が豊富に売られているという国というのは、ほとんどないのではないでしょうか。

立命館小学校の図書館は、蔵書三万冊を誇っていて、日本の小学校ではトップの規模です。私は、司書さんにお願いして、英語の本を揃えた「英語コーナー」をつくってもらいました。子どもたちもずいぶん読むようになりました。しかし、子どもたちが熱狂するような本がありません。

日本の国語教育で、読書指導は重要な柱です。英語読書をやらせたいと思うのですが、英語教育にはそれがないですし、そもそもそれにふさわしい本がないという状況です。「いろはにほへと」も一つの例ですが、日本では、読んだり書いたりするためのテーマとなる文章があるわけですけど、英語を学習するときに、これは絶対暗唱しましょうという詩があるかというと、ないですね。

「I Have A Dream」とか、大人向けのよいものはありますが。

ドイツでは、子ども向けの物語を五十くらい暗唱させるのが、よいお母さんの条件とされるそうです。世界のインテリジェンスを牽引しているユダヤ系の方々は、ユダヤ経典の暗唱を子どもたちに徹底してやっているそうです。徹底しているから、国土がないまま二千年以上経ても、ユダヤ人はアイデンティティを失っていないのです。日本にもそういうものがあります。

日本的な国語指導の優位性を、英語教育に織り込むことが、実は英語教育を発展させるうえでよいのではないかと私は考えているわけです。

ひるがえって、日本の国語教育を欧米の人に受けさせたら、日本語を上手に話せるようになるかといったら、それは怪しいですよ。

日本語教育は、日本語教育の欠点を持っていますし、英語教育は英語教育の欠点を持っています。それをごちゃごちゃにしてしまったままで、英語教育の前に日本語教育が大切だという議論をしても、得られることはあまりないと思います。

こうした議論を克服していくには、具体的に成功した事例をあげていけばよいのです。私の電子黒板の体験をお話ししたとおりです。

今日ここに参加されている多くの方々は、公文式の教材をご存知だと思いますが、本当によくできています。特に国語はとても優れていると思います。土堂小学校で校長だったときに、スーパーティーチャー（注10）に選ばれた教員に「公文式の教材はどうですか？」と質問したら、間髪入れずに「国語は凄い」と答えられたのを覚えています。私自身、公文式の何が優れているのかを知りたくて、ある時期、徹底して研究したこともあります。

国語教育などは、公文式の例を出すまでもなく、研究されつくしている感がありますが、小学校の英語教育というのは、まだ完全なパイオニアですから、成功事例を出した者勝ち、伸ばした者勝ちです。

私は、この分野で徹底反復の原理・原則をそのまま活用できるのではないかなと思いました。

日本の教育の根本的な欠陥、あるいは外国の教育にはあって日本の教育にないもの、それはずばり「スピーチ」です。

今回の英語の学習の中でも、「今日は、『貧困問題』について議論しましょう」と、いきなり大きなテーマが投げかけられました。多くの人は、面食らうようです。私も、無理矢理、きわめて貧弱な英語で「日本でも、子どもの貧困問題が問題になっています」というようなことを一生懸命話しました。

「ぺらぺらと英語だけできることが、日本人の格を下げている」とよく言われますが、話すことが大切なのではなくて、「何を話すか」が重要だということです。

ほかにも「クローン人間が広がったらどうなるのか」とか「妊娠中絶についてあなたの国ではどうなっていますか」というようなお題が、連日次々と出されて大変でした。

日本の国語教育では、ディベート（注11）と言われていますが、ディベートは、国際化していく中で、日本の教育に追加していく必要のあることだなということを感じました。

私が、今日、いちばん申し上げたいことは、英語教育についての空理空論ではなく、成功する英語教育をつくる、ということです。これが全てです。

「日本の英語教育って、だめだよね」と批判から入る話はいけません。これは、注意しなければいけません。私は、このことに確信をもっています、絶対、失敗します。

大切なものは、小さくてもいいですから、確実な成功の事実です。確実な事実が、全てを動かしていく、ということが私の信念です。

ですから、「日本の英語教育はだめだ」から入る理屈だけには乗らないでほしいとあらためて訴えて、私の話を終わります。

注9　ズッコケ三人組
那須正幹原作の児童文学シリーズ。テレビアニメやテレビドラマ、映画などにもなっている。

注10　スーパーティーチャー
文部科学省の中央教育審議会が、二〇〇五年（平成一七年）に答申した「新しい時代の義務教育を創造する」の中で、次のように述べている。「Ⅰ－教師の質の向上Ⅰ－⑵信頼される教師の養成・確保　エ　教員評価の改善・充実　○高い指導力のある優れた教師を位置づけるものとして、教育委員会の判断で、スーパーティーチャーなどのような職種を設けて処遇し、他の教師への指導助言や研修に当たるようにするなど、教師のキャリアの複線化を図ることができるようにする必要がある。」
こうした方針に基づき、各教育委員会では、つぎのような制度を導入している。
秋田県（教育専門監）、茨城県（ティーチャーオブティーチャーズ）、埼玉県（はつらつ先生）、富山県（授業力向上アドバイザー）、岐阜県（文化・スポーツ専門指導員）、大阪府（指導教諭）、広島県（エキスパート教員）、愛媛県（えひめ授業の鉄人）、宮崎県（スーパーティーチャー）、京都市（スーパーティーチャー）など。

注11　ディベート
debate　ある公的な主題について異なる立場に分かれて議論すること。教育目的のために行われるものは、教育ディベートと呼ばれる。また、説得力を競い合う競技として行われるディベートを競技ディベートと呼ぶ。

第二部　藤岡頼光氏　講演

「フィリピン発・英語教育法」

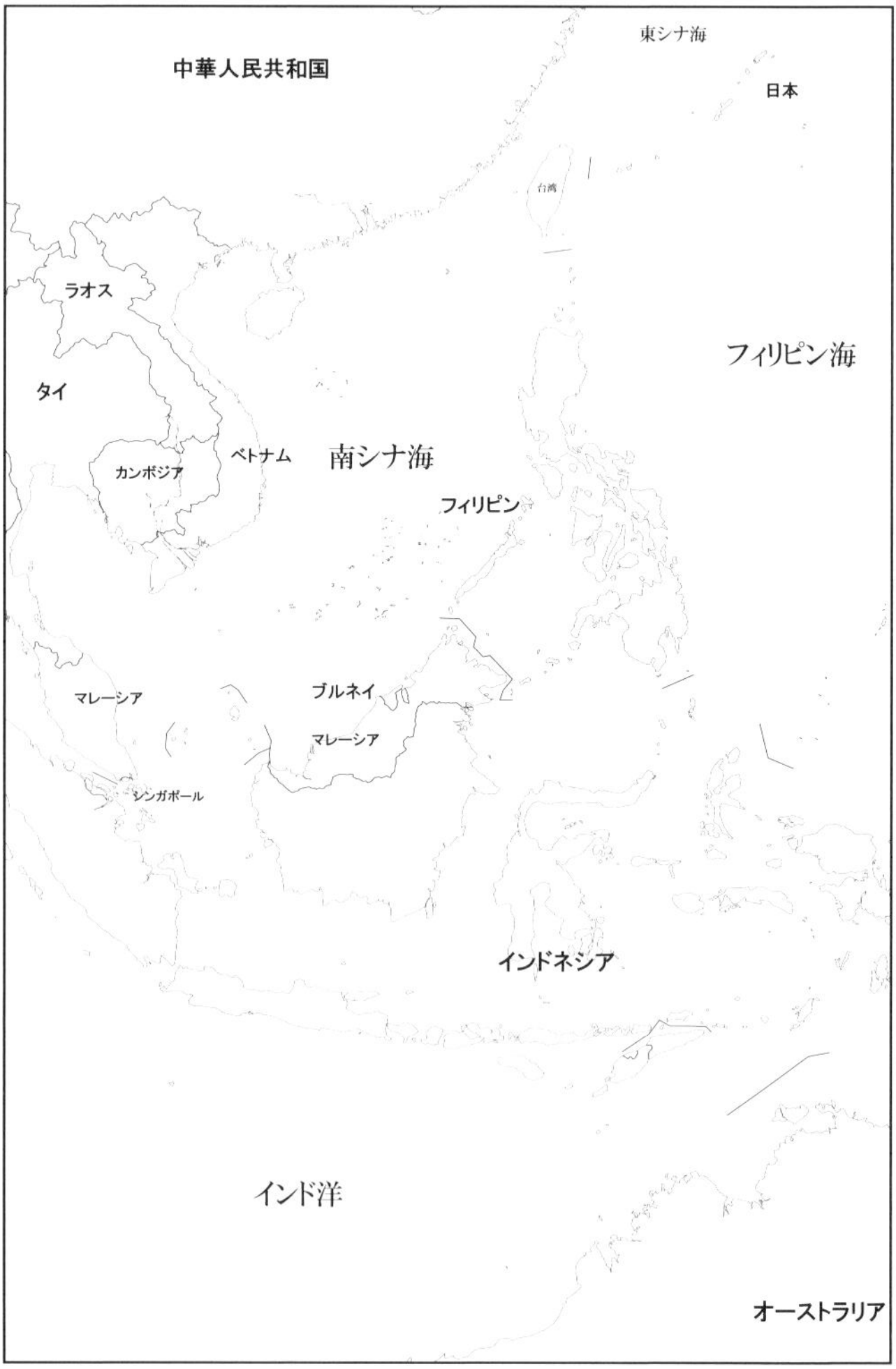
東シナ海
中華人民共和国
日本
台湾
ラオス
フィリピン海
タイ
ベトナム
南シナ海
カンボジア
フィリピン
ブルネイ
マレーシア
マレーシア
シンガポール
インドネシア
インド洋
オーストラリア
▲東南アジア

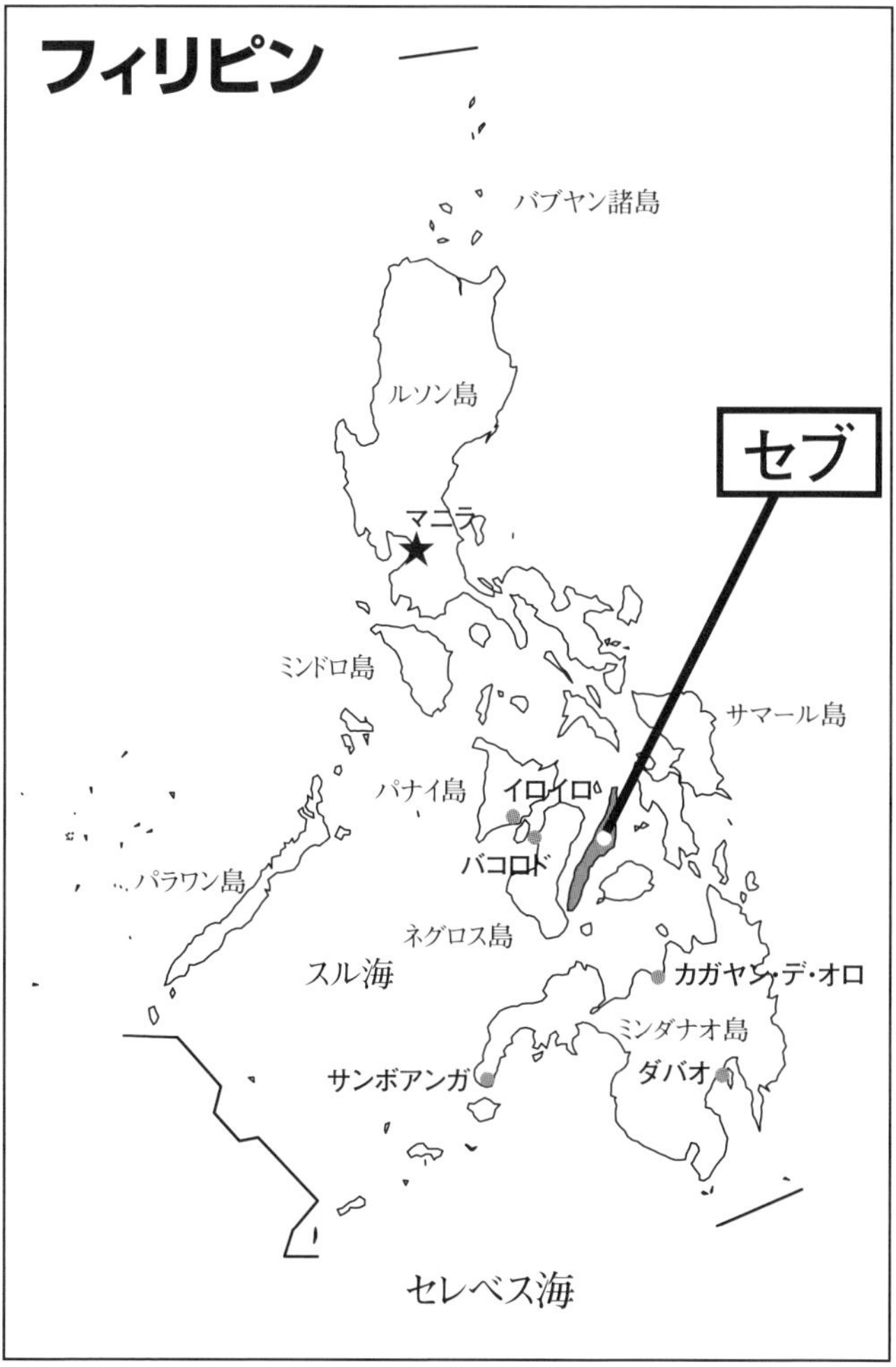
フィリピン
バブヤン諸島
ルソン島
セブ
マニラ
ミンドロ島
サマール島
パナイ島
イロイロ
バコロド
パラワン島
ネグロス島
スル海
カガヤン・デ・オロ
ミンダナオ島
サンボアンガ
ダバオ
セレベス海

▲フィリピン

先進・上質・厳守
どこよりも速くを目指して――。
緊急配送のスペシャリスト
通常のバイク便では運べない大きなお荷物から現金・有価証券、検査血液まで
あらゆるニーズにお応えします。

1 私が英語学校を始めたわけ

こんにちは。QQイングリッシュの藤岡頼光と申します。このような場は、あまり慣れていないので、緊張しています。自由にしゃべらせていただきますので、よろしくお願いします。

私の自己紹介から始めさせていただきます。

まず、「QQイングリッシュ」という名前ですけど、変な名前ですよね。私たちは、東京で「キュウ急（QQ）便」という名前のバイク便（注1）をやっています。東京のバイク便の業界では名前も知られていますが、英語の世界ではまだ知られていないかもしれません。英語学校を始めるときに、もう少し考えて名前を付ければよかったのですが、「バイク便と同じでいいや」と付けた名前がQQイングリッシュです。

今日は、フィリピンの英語事情とQQイングリッシュのポイントなどについてお話しさせていただきます。

「QQ便」は、今から二十七年前の一九八七年にバイク便を生業として創業した会社です。「QQイングリッシュ」は屋号です。

どうして、バイク便の会社が英会話事業をやるようになったのかと思われると思います。私は、そもそもバイクが好きで、バイク便の会社を立ち上げていますので、バイクの話をさせていただければ、二時間程度は簡単にしゃべることができますが、今日は、バイクの話はいらないですよね。

バイクが好きで、バイクに乗ってバイク便の社長をやっていました。オートバイを仕事で使いますから、そのメンテナンスもしなくてはいけなくて、杉並の永福町で、都内でいちばん大きな輸入スクーター屋も同時に経営していました。そして、好きなオートバイを輸入したくて、イタリア旅行をしていたときに、すごくお洒落なオートバイを見つけました。イタリアで二番目に大きな九十年の歴史をもつスクーターメーカーだったのですが、そのバイクを日本に輸入しようと思い、つくっている工場に飛び込みました。

そこで、その会社の社長と意気投合しまして、社長とバイクの話をしたかったのですが、言葉の壁がありました。当然、相手はイタリア人ですからイタリア語を話せるようになろうと最初は考えました。そこで、フィレンツェのイタリア語学校に行きました。ところが、イタリア語はとても難しくてびっくりしました。男性名詞や女性名詞がありますし、動詞の変化の仕方も多様です。

結局、イタリア語をあきらめて、英語を学ぶことにしました。バイクが好きなバイク乗りですから、英語ももちろんしゃべることはできませんし、苦手だと思っていたのですが、イタリア語と比べたら、とても「得意」だということが分かりました。英語なら、一から十まで数えることができますし、男性名詞とか女性名詞とかを気にする必要もありませんから。そんな理由で、英語を勉強しようと思いました。

本当のところは、私にとっては、バイクの話さえできれば何語でもよかったのですが、世界の上流階級の方は必ず英語を話されますから、「やはり、英語だな」と決めたわけです。

その後、インターネットでいろいろ探しました。単純な性格ですから、アメリカに行けば話すことができるようになると思い、行き先はアメリカだと決めかけていました。でも、東京でのバイク便の社長としての仕事がありますから、アメリカまで行くのは遠くて時間がかかると思い、さらに調べている中で、フィリピンでの英語学習というのを見つけました。フィリピンなら飛行機で片道五時間で行けますから、これならいいかなと思いました。行

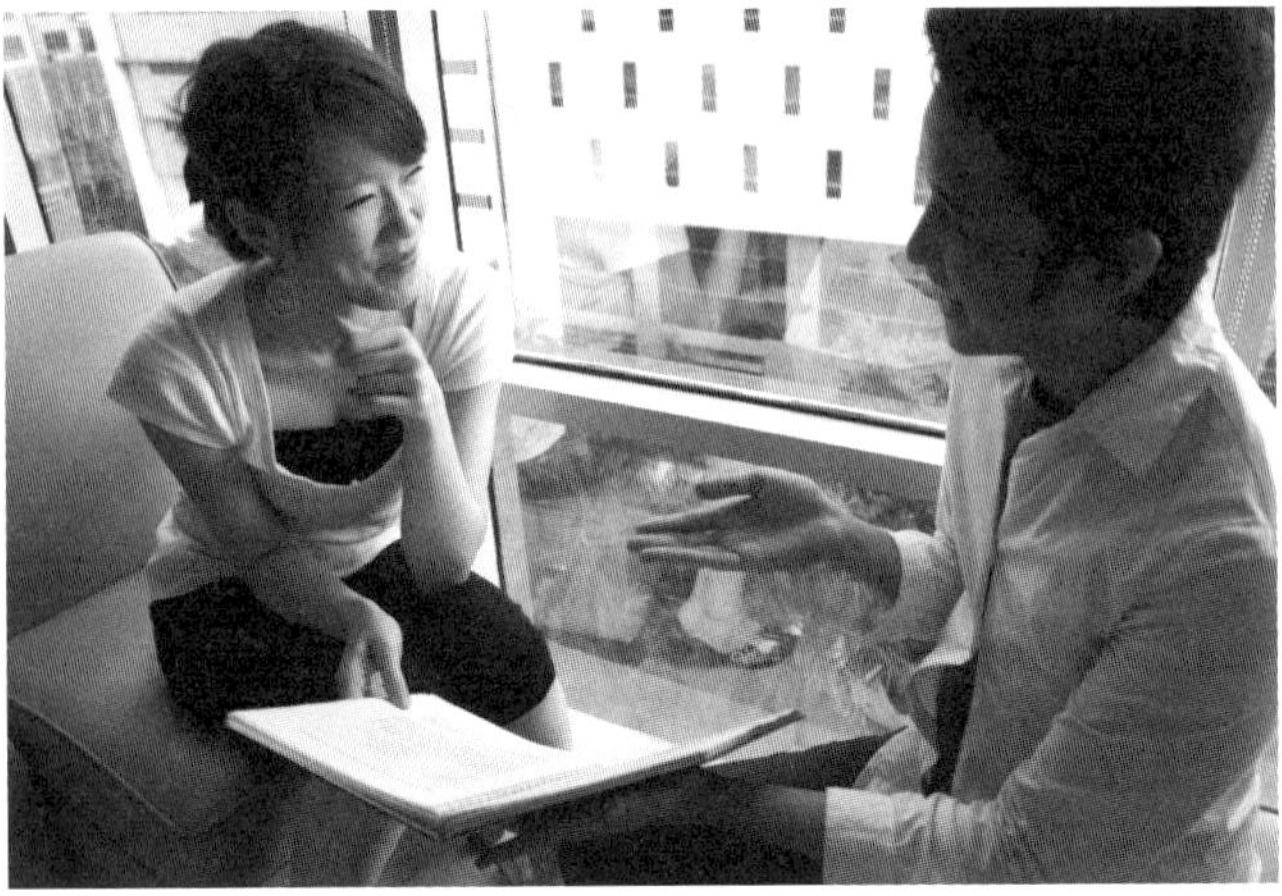

き来することを考えたわけです。
また、フィリピンの英語の学習は、基本的に一対一でするのですが、それが気に入りました。
私が、そんなことを考えていたのは、今から十年前の四十歳のときのことです。四十歳から始める勉強で、グループの中でほかの人たちについていくのは無理だろうと思いました。一対一なら、自分に合わせてゆっくりやってもらえばいいし、勉強している人の九十五パーセントは外国人だということにも勇気づけられまして、フィリピンで英語の勉強をすることにしました。
行って驚いたのは、その外国人のうち九十五パーセントは、韓国の人たちだったということです。残りの五パーセントが日本人という状態でした。それが十年前のフィリピンの英語学校の風景です。

フィリピンの先生によるフィリピンの英語学校というのは、韓国の人が考えついたものだったのです。そして、その学校に韓国の人たちが学びに来ていたのです。

何も英語が話せない私が、フィリピンにゼロの状態で行ってから十年が経ちました。現在、英語の先生が六百人在籍する学校ができました。スタッフは、世界中に八百人から九百人います。英語を話すことができるようになって、私の人生は大きく変わりました。

講演で話す内容といったら、本来はバイクの話でしたが、今日、陰山英男先生に呼んでいただいて、こうやって学校の先生方を前にして英語の話をすることになるとは思いもしなかったことです。

こんな経緯で、私はフィリピンで英語学校を始めたのです。

注1　バイク便
書類や小型の荷物をオートバイを使って運ぶ、大都市内での小規模輸送事業の一つ。

2 フィリピンの英語事情

フィリピンに英語のために留学をして、韓国の方が経営する学校へ行って気づいたことは、それらの学校は、学生をターゲットとして授業をしていますから、特訓型の授業だということです。フィリピンの郊外に学校をつくって、一歩も外に出ないような環境で、とにかく集中的に勉強だけをして、アメリカやイギリスに留学生として行けるようにするための、いわば前線基地だったのです。

私は、英語を覚えてイタリア人と話をしています。現在、私たちのオフィスは、上海とソウルにありますが、イランとテヘランなどにもあります。すると、やはりアジアの人と英語を使って話をしていることが大半です。英語は、アメリカ人と話をするだけの手段ではなくて、世界中の人と通じ合える言葉です。

アジアの時代だと言われますが、英語を覚えてアメリカ人やイギリス人と話をするのではなくて、アジアの人と話をするわけですから、それであれば、フィリピンについてもっと知っておくべきだと思い始めました。フィリピンで英語の勉強をするだけではもったいないなと思ったわけです。

私は、フィリピンは、アジアを経験できるゲートウェイだと思っています。貧しいところから出発して、発展していくフィリピンを直接自分で体験して、英語を学びながらフィリピンの文化なども勉強して帰っていただきたいという思いで、QQイングリッシュをつくりました。

韓国の方々が経営されている学校は、とてもよいマニュアルをつくられています。誰が教えても同じようにできるマニュアルをつくって、トレーニングを受けた先生が、皆同じように教えています。私も学んでみて思いましたが、先生という仕事は、職人さんに近いですよね。経験を重ねるごとに上手になっていきます。腕がどんどん上がってきます。

QQイングリッシュの先生たちは、私たちはアメリカ人ではないので、ネイティブみたいには稼げないと言います。私は「いやいや違いますよ。トレーニングを積んで腕を上げれば、もっともっと稼ぐことができますよ。人生をかけてフィリピンに来て英語を習いたいと思っている人たちばかりですから、皆、腕のいい先生に習いたいと思っています。がんばってください」というようなことを伝えるようにしています。

先日、日本の有名な予備校の英語の先生に来ていただいて講演をしてもらいましたが、そのお話の中でご自身の収入を時給換算すると八十万円だと仰っていました。そこまでなれるかどうかは別ですけど、アメリカ人でなくても英語で時給八十万円を稼いでいるわけです。

病院の先生も同じですよね。設備も揃っていて、腕がよいと言われている医師のところに患者さんは診察を受けに行くと思います。

英語の勉強も、限られた時間の中でするわけですから、いい先生、いいメソッドで習いたいと、誰もが願います。

そんなことを考えて、私は、日本的なビジネスモデルをもとに英語学校をつくりたいと思いました。日本という国は、職人さんを鍛える、すごくいい国だと思っています。海外では、メイドインジャパンは、すごく尊敬されています。私は、トヨタとかソニーという個々の会社が優れているということよりも、日本社会全体にあるよいシステム、例えば終身雇用制だったり、今では徒弟制度とは言いませんが先輩が後輩に技術を教えることだったり、そういった日本型のシステムをベースとした学校をフィリピンにつくることができないかと考えました。NHKニュースでも、QQイングリッシュを取り上げていただきましたが、その中でも「私は、日本的な経営で学校をやっていこうと思っています」ということをお話しさせていただきました。

私がフィリピンでやっているQQイングリッシュは、インターネットを使ったオンラインで英語を勉強するという方法と、フィリピンに来てもらってそこで勉強するという留学という二つの方法を採用しています。

オンラインの特長を上手く使って、今までになかった英語の教育を試してみたいと思っています。オンラインは、いつでもどこでもできるという大きな特長があります。先ほども言いましたが、先生はコールセンターのようなところに約六百人います。その人たちが、日本や中国、韓国、ブラジル、イランといった世界中の学生に、一対一の授業形式で教えているわけです。

今は、インターネットがつながっていれば、どこでも見ることができますから、スマホを使って勉強をしている学生さんもいます。回線の状態によっては、映像がとぎれとぎれになってしまう場合もありますが、だんだんよくなってきています。

韓国の人たちが、どうしてフィリピンを選んで英語学校をつくったのか、あまり知られていないと思います。

フィリピンという国は、世界第三位の英語圏です。「世界第三位の英語圏」と私はこの十年間、同じことを言い続けてきましたが、その間一回も質問されたことがなかったので放っておいたのですが、「一位、二位はどこの国だ」と問われても、実は、私も知りませんでした。中国でこのコメントを書きましたら、「一位、二位はどこだ」とついに質問されました。

うちのスタッフは、一位がアメリカで、二位がイギリスじゃないかと言っていましたが、多分、一位がインドで、二位がアメリカのようなのですが、アメリカは公用語を定めていないので、二位は人口一億七千万人のナイジェリア、三位が一億人を超えたフィリピンではないかと思っています（注2）。フィリピンが世界第三位の英語圏だとすると、日本からとても近いところにある国ですから、これを利用させていただかない手はないなと思っています。

もう一つ、私がフィリピンで英会話学校を始めたのは、フィリピンの人たちの人件費が安いからではありません。世界でいちばん英語を教えるのが上手な人たちは、フィリピン人だと評価しているからです。

私たち日本人は、当然ですが、日本語ネイティブです。フィリピンの人たちの公用語は、タガログ語です。さらに地域によって、いろいろな違う言葉を使っています。そして、共通言語として英語を使っています。つまり、「習った英語」を使っているということです。

先日、何かで発表されていたデータを見ましたが、シンガポールと並んでフィリピンがナンバーワンのＴＯＥＩＣスコアをもっているのです。

世界でいちばん成功した英語の学習者は、フィリピン人だと思います。フィリピンの人たちは、生まれたときから英語を使っている訳ではないので、英語を勉強することの大変さを知っているのです。単語の勉強をして、しゃべるトレーニングをして、フィリピンの人たちは英語を話すことができるようになっているのです。

学校の先生たちを前にして言うのは申し訳ないのですが、例えば、「ぼくは好き」と「ぼくが好き」の違いを説明しろと言われても、私にはさっぱり分かりません。理屈が分かりませんから、覚えるしかないのです。

フィリピンの先生は、それを習って勉強しているので、的確に教えられるのです。勉強の大変さを知っているということは、人に教えるというときの大きな利点だと思います。

「習った英語」でいいというだけなら、シンガポールもそうです。ただ、フィリピンの人たちが優れているのはホスピタリティです。その点がすごいのです。

世界中に、フィリピン出身の家政婦さんがいます。フィリピンの人たちは、他人に何かをしてあげる天才です。大家族に生まれて、みんなで助け合って生きているので、人に何かをしてあげるのが得意な国民性を備えているのだと思います。

教師という職業は、他人にものを教える仕事ですから、フィリピン人の特性にぴったりあっていると思ったのです。

当然、イギリスやアメリカのプロの先生はすごいと思います。ただ、街の中の英会話教室でツーリストが教師として教えるところと比較したら、専門の教育を受けたフィリピンの先生の方が上手だと確信しています。こんなことから、私は、フィリピンに英会話の学校をつくったのです。

どうしてフィリピンで、英語が公用語になったかということについて、歴史的な背景を少し説明させていただきます。

フィリピンは、もともとスペインの植民地でした。一五六五年から、三百年間にわたって統治されていました。タガログ語は、スペイン語に近い言語でして、スペイン語が分かる人は、タガログ語がだいたい分かるそうです。

一八九六年にフィリピン革命が起きて、最初はアメリカの援助もあって独立をしました。その後、アメリカはフィリピンの独立を認めず、軍政下に置きました。

そのときのアメリカの大統領が、友愛的同化宣言を出して、それまでスペインがずっと抑圧して何も与えていなかった状況を変え、アメリカは、信頼・尊敬・敬愛を勝ちとるために、スペインが拒否してきた自治や物質的な援助、そして教育を推進したのです。ここで、初めてフィリピンに教育が入ります。アメリカは、数万人規模の英語の教師をフィリピンに送りこんで、フィリピンに徹底的に英語教育をしました。

ですから、二十世紀の初めの頃から、フィリピン人は英語を学ぶようになって、今日のように話すことができるようになったというのが実情です。

フィリピンは、七千以上の大変多くの島で構成されています。その多くの島で、自治制度が敷かれているため言葉が多様です。タガログ語というのは、マニラで話されていますが、セブではセブ語、レイテではまた全然違う言葉と、方言のレベルではなくて、文法から何から違う八十七の言語に分かれているのです。

それら全体を統治するのに、タガログ語を使っているわけですが、同時に英語も使って全ての島をまとめ、国として治めているというのが、フィリピンという国なのです。

私たちが学校をおいているフィリピンのセブについてご紹介します。

今日は、京都におじゃましていますが、実は、セブ島はフィリピンの京都と言われているところです。最初、フィリピンの首都はセブにありました。その後、現在のマニラに移りました。

セブには、たくさんの大学があります。日本には、全部で七百校ほどの大学がありますが、調べましたら、そのうち京都にあるのは四十七校です。フィリピンにある大学は全部で二百二十三校、そのうちの十九校がセブ島にあります。ですから、優れた人材がセブにはたくさんいるのです。観光で有名なセブですが、大学がある文教都市としても有名なところですので、英会話学校をつくるのに優秀な人材が集めやすいということが、セブを選んだ理由の一つでもあります。

そして、フィリピンは、今ものすごい勢いで成長しています。現在の日本は、ゼロ成長だったり、一％程度の成長にとどまったりしています。フィリピンは六％から七％平均で成長を続けていて、世界中から注目されています。国内総生産は、日本と比べるまだまだ少ない現状です。日本は六兆ドル前後かと思いますが、フィリピンは三千億ドル弱です。トヨタ自動車の売上高に毛が生えたくらいしかありませんが、まだまだ発展の途上にあるのがフィリピンです。

このフィリピンに初めに注目したのが韓国です。アジア通貨危機が一九九七年に起こりました。大きな打撃を受けた韓国は、ＩＭＦ（注３）の管理下に入りました。こうした中で、韓国では英語を使えるようにしようという機運が高まり、二〇〇〇年頃、これまでお話ししたようなフィリピンの特性に気づいて、

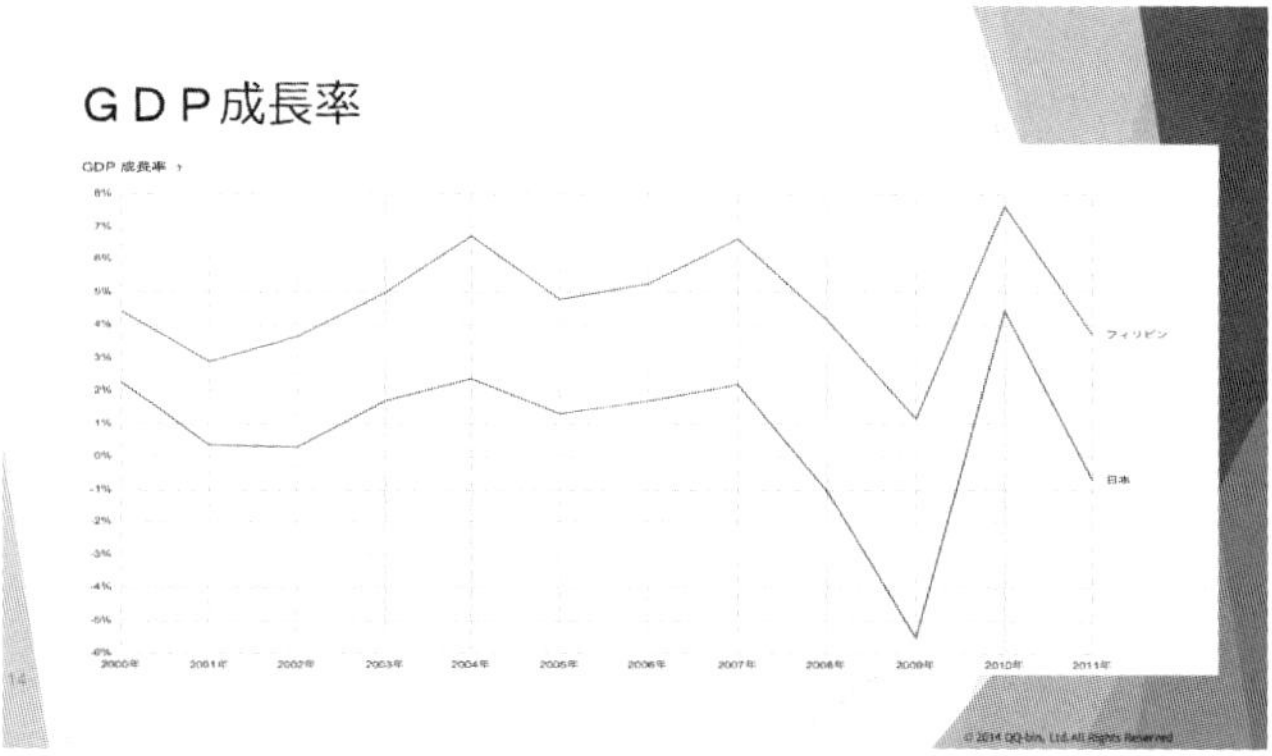

▲日本とフィリピンの GDP 比較

韓国はフィリピンに学校をつくり始めているのです。

二〇〇二年頃からはどんどん増えていき、私が最初にフィリピンに行った二〇〇六年には、もう十万人くらいの留学生が来ている状況でした。フィリピンへの渡航者は、二〇一一年の段階で九十万人です。そのうち、十二万人が韓国から語学研修で来ている人たちです。韓国の人口は、日本の約三分の一です。それで十二万人の人が来ているということは凄いことだと思います。ちなみに、日本から語学研修でフィリピンに来ている人はだいたい一万人です。今年（二〇一四年）は、二万人程度になるのではないかと言われていますが。ただ、韓国と比べたら、まだまだ少なく、フィリピンのよさが日本人に伝わっていないのかなと思っています。


韓国がフィリピンに着目するようになってからの変化についてお話しします。

一九九五年の段階では、TOEICの点数は、韓国よりも日本の方がはるかに高かったのですが、この頃から韓国は英語教育に力を入れるようになりまして、二〇〇〇年の段階で同じ水準になり、二〇〇五年には日本が韓国に完全に離されてしまう結果になっています。日本人が海外で英語を話していると、韓国の人から「なんで日本人なのに英語が話せるの」と訊かれる状況にすらなっているのです。

日本の人口は一億二千七百四十五万人、韓国は四千八百八十七万人ですから、韓国の人口は日本の三十八％ぐらいです。一人あたりの平均購買力は、日本が二百七十二万円、韓国は二百二十七万円ですから、あまり変わりません。

一方、英語学校の市場規模は、日本は三千二百億円、韓国は二千八百億円と、人口は三十八％なのに、英語市場は、韓国と日本はほとんど違いがありません。それほどに、韓国では英語に力を入れています。

オンライン英会話学校の市場規模は、日本では四十億円、韓国では百二十億円と言われています。こうした違いがＴＯＥＩＣの平均スコアに出てきているのかなと思います。平均スコアは、日本は五七四点、韓国は六三〇点です。

日本と韓国の比較で分かりやすい資料を一つご紹介します。ＳＳＰというフィリピンにおける学習特別許可証というものがあります。英語学校に入学する人は、皆、六か月間有効のＳＳＰを取得しなくてはいけません。韓国は日本の三十倍弱です。二〇〇八年をピークに少し減ってきているのは、オンライン学習が出始めている時期です。したがって、英語を勉強する人数が減ってきているというよりは、オンラインがこの頃から始まったというのが数字に出ています。

注2　英語圏
公用語、あるいは国語として、英語が定められている国、もしくはそこに住む人々の主に話す言語が英語である国・地域の総称。厳格な定義はないため、データの取り方により、英語圏の人口順位は異なっている。

注3　ＩＭＦ
国際通貨基金。通貨と為替相場の安定化を目的とした国際連合の専門機関。アメリカ合衆国のワシントンＤ．Ｃ．に本部を置く。二〇一四年段階の加盟国数は百八十八。

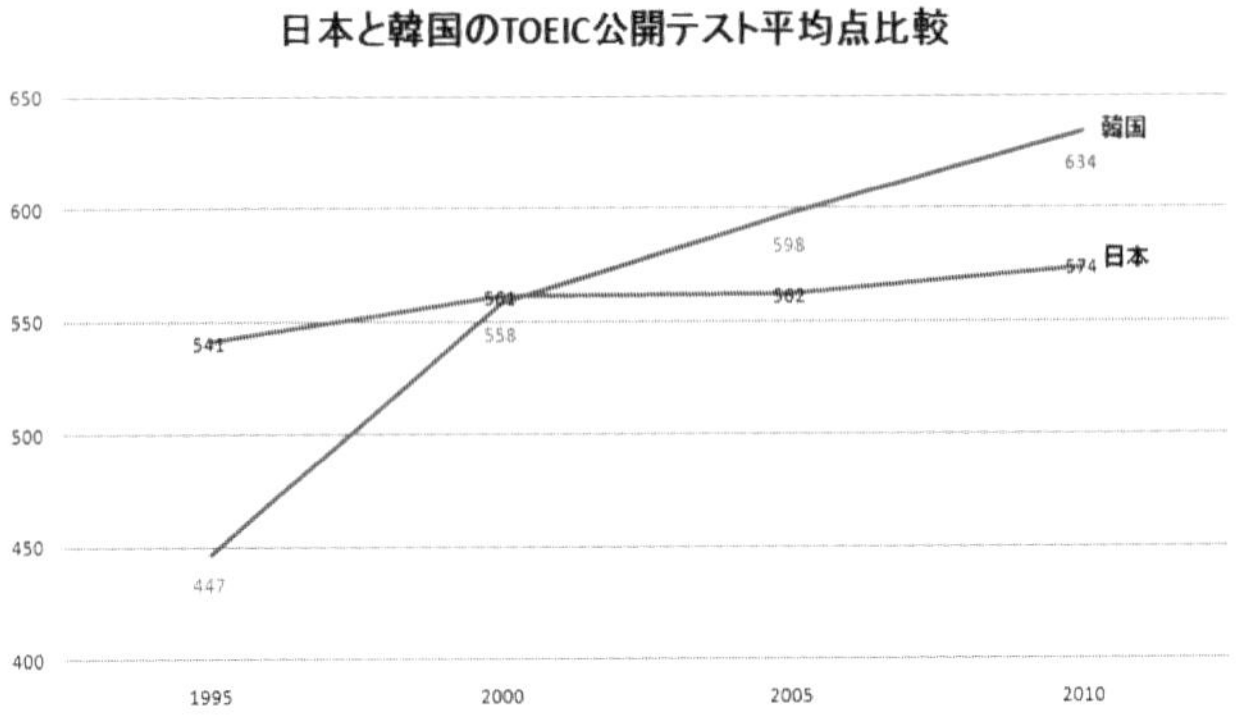

▲日本と韓国の TOEIC 公開テスト平均点比較

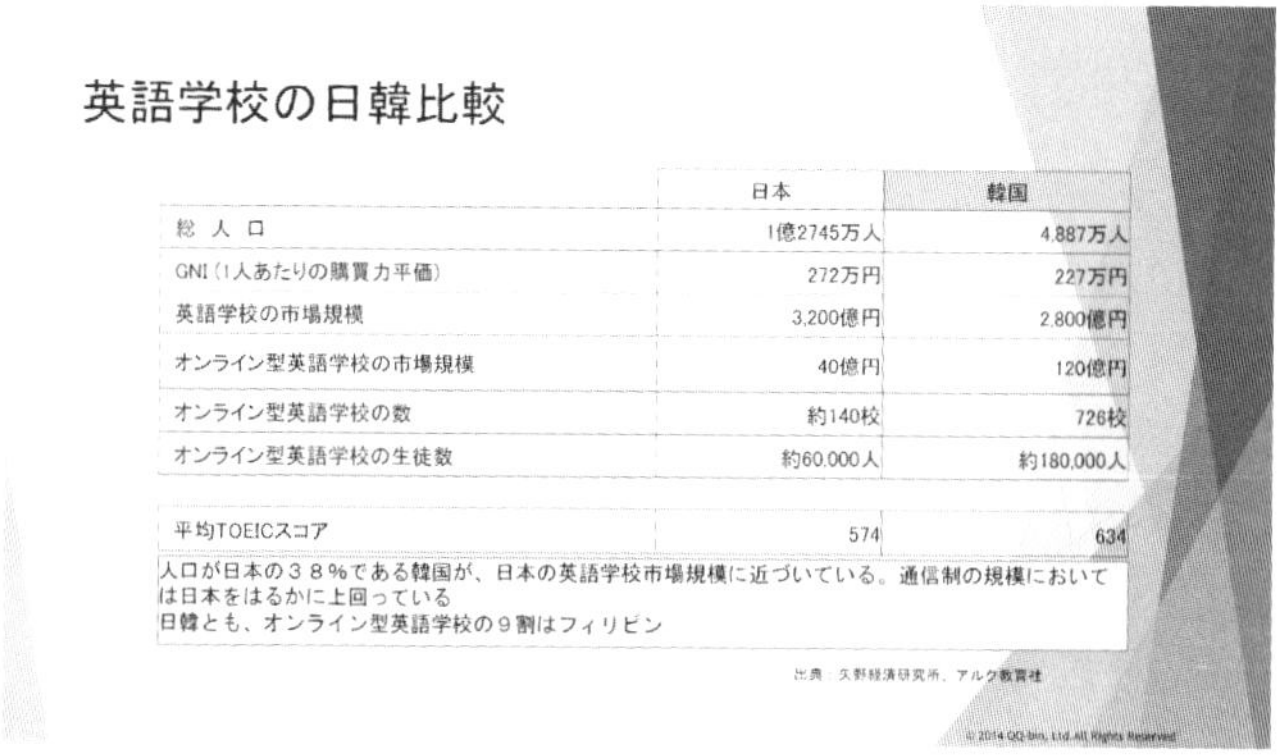

英語学校の日韓比較

	日本	韓国
総 人 口	1億2745万人	4,887万人
GNI（1人あたりの購買力平価）	272万円	227万円
英語学校の市場規模	3,200億円	2,800億円
オンライン型英語学校の市場規模	40億円	120億円
オンライン型英語学校の数	約140校	726校
オンライン型英語学校の生徒数	約60,000人	約180,000人
平均TOEICスコア	574	634

人口が日本の３８％である韓国が、日本の英語学校市場規模に近づいている。通信制の規模においては日本をはるかに上回っている
日韓とも、オンライン型英語学校の９割はフィリピン

出典：矢野経済研究所、アルク教育社

© 2014 QQ-bin, Ltd. All Rights Reserved

▲日本と韓国の英会話学校の市場規模

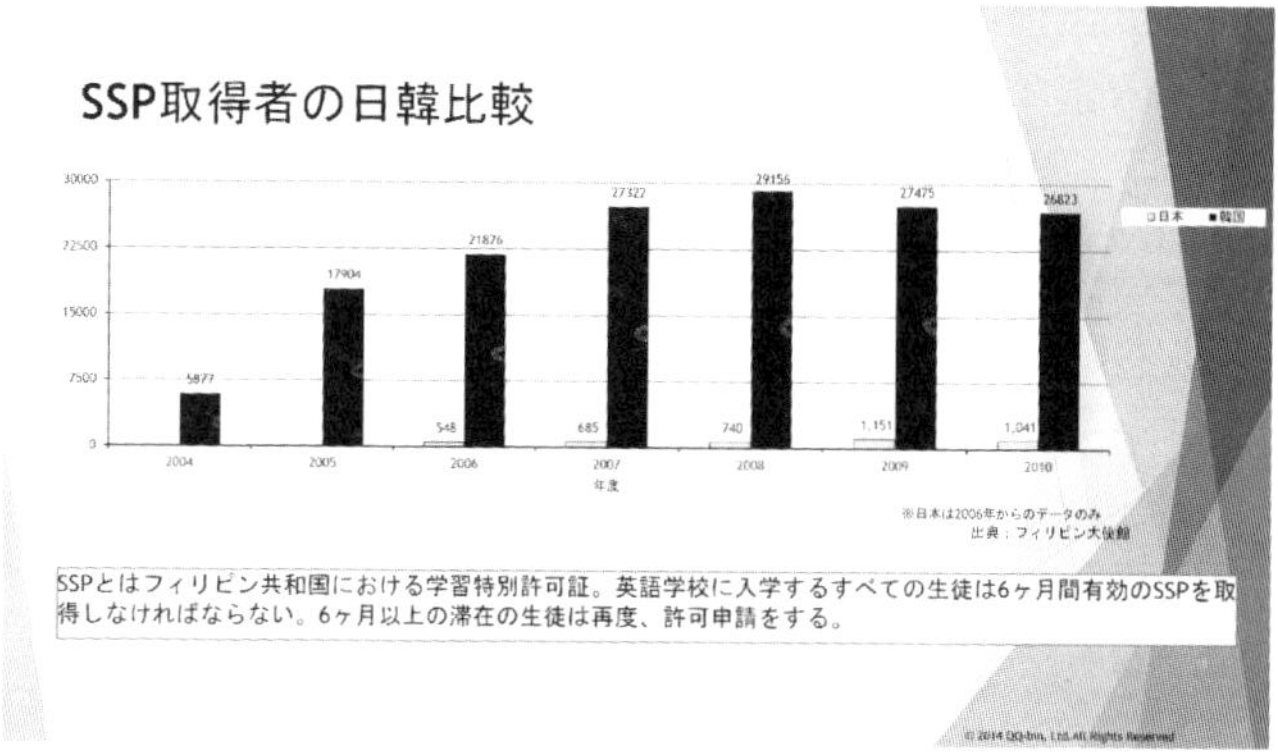

▲フィリピンにおける学習特別許可証取得者の日韓比較

3 Ｓｋｙｐｅによる革命とカラン・メソッド

なぜオンラインを使ってやれるようになったかというと、それまでは、ＫＤＤ（注４）の回線を使っていたのが、Ｓｋｙｐｅ（注５）を使ってインターネットにさえつながっていれば、無料で話すことができるようになったからです。これは、もの凄い革命でした。

余談ですが、現代は革命の連続だと思っています。コンピュータ、インターネット、携帯電話、どれも社会の在りようを大きく変えていると思います。

私は、Ｓｋｙｐｅに代表されるテレビ電話システムは、教育を変えるだろうなと直感しました。日本にいながら、世界中の人たちに日本語を教えることができます。アメリカ人に数学を教えてもいいですし、砂漠に住んでいる人にもインターネットで教えることもできます。これからの教育は、リアルとインターネットが融合しながら大きな革命が起きるのだろうと思います。

ビジネスをしている私の眼から見ると、これまでのインターネットの革命というと、だいたいアメリカから始まっています。でも、インターネットを使った教育の革命というのは、日本人でやってみたいなという思いを私はもっています。

いろいろな意味でいちばん強い国はアメリカですが、フィリピンの英会話学校の競争の中には、アメリカはいません。今、私が戦っている相手は韓国の学校と中国の学校です。アメリカ人は、当然英語が得意ですから、英語の指導法の研究をしていないようで、アメリカは、まだフィリピンの英語に気づいていないのです。ですから、いちばん手強い競争相手のアメリカがいない間に、新しいビジネスモデルを日本のマーケットを使いながら成長させて、成功していきたいなと、半分冗談ですが、結構本気でそんなことを思っています。

インターネットの普及率についてみてみると、日本国内は、ほぼどこでもつながるようになりました。フィリピンのインターネットはまだ途上にありまして、二〇〇八年くらいから伸びてきましたが、今でも普及率は三十％くらいです。さらにブロードバンドで比較をしたら、日本とは雲泥の差です。ですから、今のフィリピンは、まだＳｋｙｐｅが使える状態ではありません。私たちは、Ｓｋｙｐｅが使える特別な光回線を使用しています。近い将来、ブロードバンドもだんだん普及して、日本と同じように使えるようになるだろうと思っています。

ここから先は、ＱＱイングリッシュのお話をさせていただこうと思います。

QQイングリッシュが目指しているのは、先ほども申し上げましたように、日本的な質、教師の質、そして話すことに特化したカリキュラムの三点です。このことについて少しお話しいたします。

QQイングリッシュのフィリピン人の先生は、全員プロの先生です。ただ、外国人に英語を教えた経験はない人たちばかりです。

外国人に英語を教えた歴史をいちばん長くもっている国は、当然アメリカではなくてイギリスです。

英語を外国人に教えるには、資格が必要だと考えています。優れた人たちを採用し、それから専門のトレーニングをイギリス人の先生がしています。QQイングリッシュには、オックスフォード大学の博士が常駐しています。また、ケンブリッジ大学で教えている先生がSkypeを使って、フィリピン在住の先生にトレーニングを行っています。

日本の有名な予備校の英語カリスマ教師と言われる三代澤義人先生にもフィリピンに常駐していただき、フィリピンの先生の教師としてのスキルアップを図るべく、私たちは頑張っているところです。普通はご自身のもっていらっしゃる技術は教えないものですが、三代澤義人先生は、それまで培ってきた技術を全部フィリピンに伝えたいという熱い思いでやってくださっています。

QQイングリッシュの最大の特長は、一対一の授業にこだわっていることです。ここからが私たちの独自のメソッドとして、いちばんお伝えしたいところです。

失礼ながら、私は最初、陰山英男先生のことを全く存じ上げていませんでした。陰山先生が、初めてQQイングリッシュに来られた際に、いちばん驚かれていたのが「カラン・メソッド」です。「カラン・メソッド」は、今から五十年以上も前に、イギリスの英語教師であるロビン・カラン氏が編み出した英語教授法ですが、まさに「徹底反復」の考え方に基づいたものだからです。

このメソッドのおおもとは、学術的には、オーディオ・リンガルと言われているものです。もともと、第二次世界大戦でアメリカ軍が使った学習法です。戦争をする際に、味方同士のコミュニケーションが重要視されるわけですが、ベトナム戦争でチームを組んで戦わなければならないときに、英語が分からなければいけないので、とにかく徹底的に反復することで英語を定着させようとして使ったメソッドです。

必要に迫られて否応なく仕方なしにやると、語学力はとにかく伸びるようです。

イギリスのカラン法は、これを使うことで通常の学習法の四倍の速さで英語の力が伸びると言われています。イギリスにたくさんの英語学校がありますが、辛くてもいいんだったら、英語の力を速く身につけたいのなら、カランに行くのがよいよと、かなりのイギリスの人が知っています。イギリスで最大の英語学校では、夏になると、毎年二千名くらいの生徒さんが、このメソッドで勉強をしています。隠れたメソッドですが、それくらいの支持を得ているものです。

ただ、とにかく反復反復、徹底反復なので、学術的には評価されていなくて、研究者のような方たちには受け容れられていないようです。

本当に英語の力を伸ばしたいという人にとっては、カラン・メソッドはとても有効な方法です。

具体的に、どんなメソッドなのかというと、例えば日本人であれば、
What is the largest city in Japan?

と言われたら、これを一生懸命頭の中で訳しますよね。訳しながら「日本でいちばん大きい都市は？」と考え、さらにそれを英語に訳して、

Tokyo is the largest city in Japan.

と答えていきます。

この日本語で訳す部分を取り払ってしまおうというのが、カラン・メソッドです。ですから、考える時間をなくして、すかさず答えが出てくるようにしてしまおうというのがカラン・メソッドの基本の考え方です。これは、理屈抜きの徹底反復ですよね。

陰山先生は、同じ問題を何回もすることによって学力として完全に定着するということをずっと主張されていらっしゃいますが、カラン・メソッドも、とにかく徹底的に繰り返すことによって、英語の力を定着させるという学習法です。

カラン・メソッドでは答えをすぐに求められます。考えるのを待ってくれないのです。内容的には、そんなに難しいことは訊かれていません。先生は、生徒の答えを待たずに、答えてしまいます。

私自身、初めは、こんな方法で本当に英語の力が伸びるのか疑問でした。ただ、ロンドンでの実績によると、待っていてはだめらしいのです。そのかわり、これを何度も何度も繰り返します。三日間はだいたい同じことをやっています。三歩進んで二歩下がる、五歩進んで四歩下がるぐらいの勢いで、ずっと繰り返しながら覚えるまで練習するのです。

東北大学で言語脳科学をご専門にされている佐藤滋名誉教授は、このカラン・メソッドが脳全体を活性化させる方法として理に適ったものであると評価されています。

このことについては、サイバー大学の坂本美枝先生が本にまとめられていますので、もし興味があれば読んでみてください（注6）。

四倍の速さで英語を学習するということと、ダイエットは、似ているのではないかとも思っています。

要するに、一週間でいきなり痩せたとか、何にもしないで○○だけ食べて痩せるとか、努力しないでも何とかとか、いろいろありますが、ダイエットの部分を英語に変えただけの宣伝文句は今でもずいぶんあると思います。そんな魔法のような英語学習法は、冷静に考えたらありえないですよ。

私は、ダイエットの中で、一つすごいなと思っているのは「ビリーズブートキャンプ（注7）」です。カラン・メソッドは、英語版のビリーズブートキャンプなんだろうと思っています。

これまでお話ししましたように「四倍の速さで上達する」という部分が、自分にもすぐには信じられませんでしたから、大学と組んで研究をしてみました。

こうした実験をしている英会話学校は、実はありません。そこで学んでどれだけ英語の力が伸びたかを実証実験するというのはなかなかできることではありませんが、カラン・メソッドは、伸びる自信があるからやってみようということになったのです。

明治大学に協力していただいて、八十時間のカラン・メソッドによるオンライン授業を受けてもらいました。学習効果は、ＴＯＥＩＣで測定しました。その結果、平均で百十点、最高で二百五十点、ＴＯＥＩＣの点数がアップしました。

この中で一つ心配していたことは、先ほども申しましたとおり、カラン・メソッドは、アメリカの軍隊発のメソッドだということで、受講生たちの評判

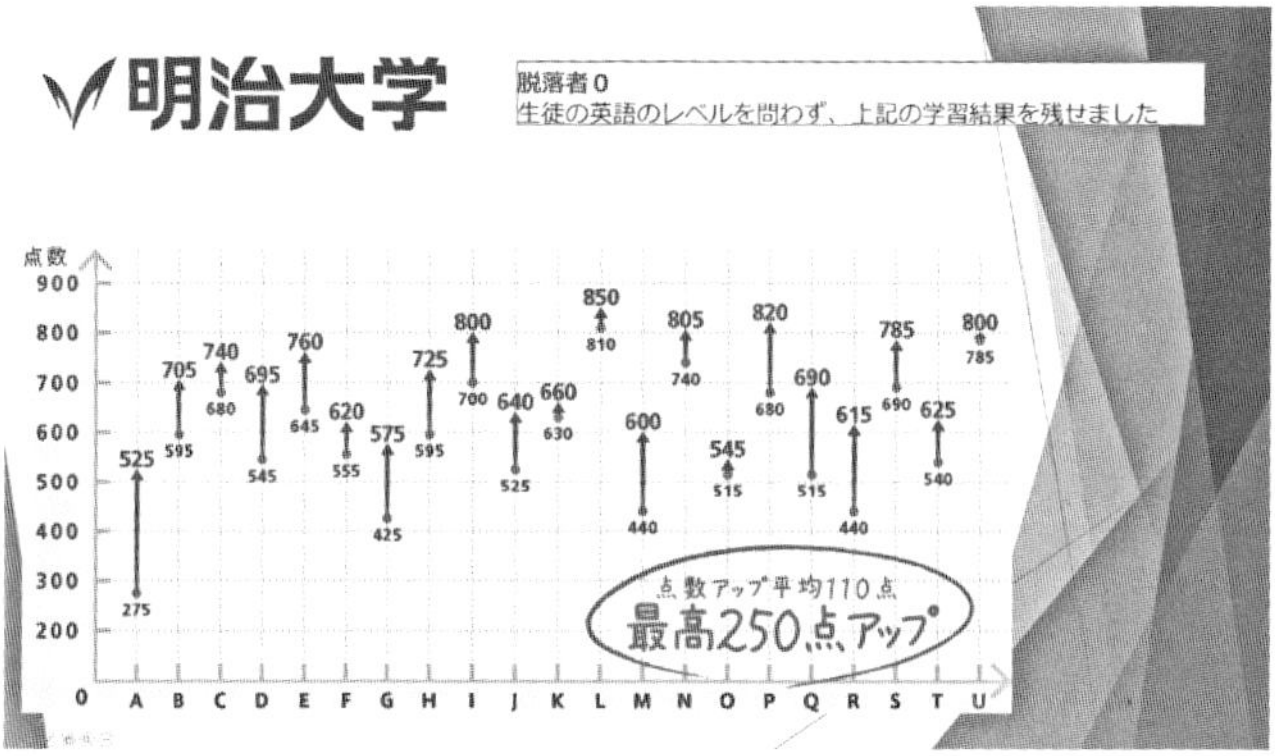

▲実証実験の結果

はどうだったかなということです。幸い、満足度百％という結果でした。大変満足、満足を合わせて百％です。実験にご協力いただいた統計学の先生も、「百％という結果はふつう出ないんです。今回の研究でいちばん驚いたのは、百％という満足度が出たことです」と仰られていました。百％の満足度ということは、それはつまり、英語の力が伸びたからです。辛かったけど結果が出たから、満足してもらえたということだと思っています。

もう一つ、フィリピンの先生と英語の勉強するということに抵抗はなかったかということも気がかりでした。失礼な話ですが私くらいの年齢ですと、フィリピンと聞くとフィリピンパブしか連想しないのです。今の若い人は、フィリピンに対してそういうイメージは全くないようですね。同じアジアで、英語を話すことができる人として、普通に尊敬してくれているという感じでした。なんの先入観もなく、フィリピンの先生と純粋に英語を勉強してもらって、学習効果があったと言ってもらえたことがとても嬉しいことでした。

注4　ＫＤＤ
国際電信電話株式会社。一九五三年に日本電信電話公社から分離独立し設立された電話会社で、日本と海外との国際電気通信・国際電話を長期間独占的に扱っていた。現在はＫＤＤＩがその事業を継承している。

注5　Ｓｋｙｐｅ
マイクロソフト社が提供するインターネット電話サービス。Ｓｋｙｐｅのユーザー間では、無料音声通信が可能。

注6　坂本美枝先生の著書
「カラン・メソッド『英語反射力』を鍛える奇跡の学習法」（東洋経済新報社 二〇一三年刊）

注7　ビリーズブートキャンプ
Billy's Boot Camp　正式には　Billy Blanks Boot Camp
ビリー・ブランクスが考案した短期集中型エクササイズ。米軍の新人向け基礎訓練「ブートキャンプ」がベースになっている。

4 QQイングリッシュの現状

現在、日本の大学で、QQイングリッシュをかなり使っていただいています。神戸大学、明治大学、共愛学園前橋国際大学、実践女子大学などです。共愛学園前橋国際大学では、QQイングリッシュオンラインで単位認定をするようになっています。日本で初めてということで、新聞報道もされました。フィリピンの英語が実践的に伸びるという事実が、大学でも注目されています。

立命館中学校でも私たちQQイングリッシュのオンライン授業の提供を始めています。現在、二十校ほどの大学で英語の授業を提供するようになりました。

私は、現在QQイングリッシュがやっているオンライン学習と、留学を組み合わせたシステムを新しく開発していこうと思っています。英語の勉強は、続けていくことが大切です。オンラインで勉強しても、本番で使うところがないとつまらなくなってしまいます。

オンラインでやっていたカリキュラムと同じものを同じ先生とまたできるという仕組みです。一週間か一か月、フィリピンに語学留学をしても、それで英語の勉強を止めてしまうと、英語の力は伸びません。日本に帰ってからも勉強が続けられることは重要だと思います。

今、小学校から高校までの修学旅行として、学習旅行のような形で児童・生徒を受け入れる準備をしています。そんな形の新しい授業についても、陰山先生と一緒に検討しているところです。

こんなことを続けている中で、フィリピンの英語学習について、テレビや雑誌、新聞などマスコミでもずいぶん取り上げていただき、注目していただいています。

私たちは、本当に英語の力を伸ばすことができる学校をつくっていきたいと思っています。QQイングリッシュに対する顧客満足度が高いことをお話ししましたが、英語を話すことができるようになれば、やはり楽しいですし、楽しければ英語の勉強を続けられます。そして、英語の勉強を続ければ人生が変わります。

私は、バイク便の会社の社長でした。それが、英語の勉強をしたことで、こんなふうに変わってしまいました。英語を話すことによって外国人とのコミュニケーションが可能となります。そして、日本のビジネスモデルを使って、外国で新しいビジネスができるという、絶好のチャンスを手に入れました。

日本にいるときは、不況だとかデフレだとか人口減だとかと、暗い話ばかりでした。フィリピンに来て、その違いに驚きました。日本では、もう終わってしまったという産業が、フィリピンではどんどん成長しています。日本では、バイク便の売上額は、毎年十％も落ちています。フィリピンだったら、倍々で伸びていくと思います。日本がこれまでに培ってきた「メイドインジャパン」のモノをつくる技術や、サービスのおもてなしの心は、世界に出ていけば、もっともっと大きく活用して、成長させていくことができると思います。

私は、四十歳から英語を勉強しました。やはり、習得するのにものすごく時間がかかりました。小学生から、いやもっと前からでも英語を学んでほしいと思います。そうすれば、よりきれいに、正しく英語を話すことができるようになります。

英会話学校には、ＴＯＥＩＣで満点をとる生徒さんも来ます。私のように全然話せなくて来る人もいます。でも、いろいろなレベルで英語を使えるということは、とても楽しいことです。私は、ちょっと英語で会話ができるだけで楽しいと思いますし、高いレベルの人なら、より正しく話したいとかもっと綺麗に話したいとさらに勉強ができるわけです。語学の勉強には終わりがありません。簡単にできてしまったら、学習とか趣味というのは、すぐ飽きてしまいますよね。

最初はなかなか上手くならないかもしれませんが、レベルによって楽しめたり、自分がトライアルできたりするのが英語の学習です。年齢も関係ありませんから、リタイアした人にも英語をどんどんやってほしいなと思っています。


せっかくの機会なので、QQイングリッシュを別の側面からも紹介させていただきます。QQイングリッシュでは、ボランティア活動を積極的にしています。

二〇一三年にフィリピンを超大型台風が襲いました。最大瞬間風速百五十メートルという信じられない風が吹き荒れました。フィリピンの小学校では、教科書は学校に設置されていて、それを皆で共同して使う仕組みになっていますが、それも台風で全てな

Broken chairs, tables and unusable books were scattered everywhere.

▲台風で壊された小学校

くなってしまいました。QQイングリッシュでは、オンラインの生徒さんたちにも呼びかけて募金を募りましたが、結果、六百万円のお金が集まりまして、それらを活用しながら、小学校の屋根の修理をしました。

フィリピンでも、小学校の教育はとても大切にされています。小学校での教育ができなくなってしまったら、貧しい街がますます貧しくなってしまうという考えです。ですから、台風の被害を受けたあと、いちばん最初に小学校を修復してほしいという要望が私たちにも寄せられ、それに応える形で動きました。

実は、東日本大震災のときには、フィリピンから日本に対して、すごい額の義捐金が寄せられています。それに対するお礼というわけでもありませんが、去年のフィリピンの台風被害の際には、日本からかなりの義捐金が集まっています。やはり、QQイングリッシュの生徒さんたちは、お金を教育のために使ってほしいという気持ちでしたので、校舎の修理をしたわけです。

申し上げましたとおり、教科書は一人に一冊はなくて、授業が始まるときに教室においてある教科書を使うのですが、それを二人で一冊の教科書を見ながら授業を受けます。教科書の値段が高いんですね。小学校で学習する科目が九つあって、六百人の小学校でそれらを全部そろえると金額的にも相当なものになります。校舎を直した後、教科書は一人一冊ずつ使えるように買おうと最初は思いましたが、やはり無理で、被災前と同じ二人で一冊ずつで、まずは授業を始めてもらうことにしていただきました。現在、その学校の児童数は七百五十人になっています。それというのも、私たちの活動によって、日本からいろいろな支援をしてもらえるということで有名になってしまったようです。

こんな形で、QQイングリッシュはボランティア活動をしています。

QQイングリッシュのフィリピンの学校の施設についても紹介いたします。

セブのITパークというところに学校があります。フィリピンでは、まだインターネットのブロードバンドが普及していないので、専用の光回線が引かれているITパークを選んだわけです。フィリピンのセブ島でインターネットの回線があるのは、このITパークだけです。したがって、インターネットの接続料もかなり高い状況です。日本だと、100Mbpsの速度で月五千円程度かと思います。フィリピンでは、100Mbpsだと毎月五百万円かかります。これは、四年前の価格ですが、まだまだ普及していませんから、現在でも数百万円はかかります。

QQ English

フィリピンに行けば、モノの値段は何でも安いのかというと大間違いで、輸入しなくてはいけないものは高いですね。当然、車とかコンピュータは高いです。食材は、とても安いです。マンゴーなんかとても安くて、一キロ百円くらいです。先日、宮崎のマンゴーが八万円の高値がついたというニュースを聞いて、QQイングリッシュの先生たちに話したところ、マンゴー屋をやりたいと、口々に言っていました。QQイングリッシュの先生たちの将来の夢は、日本でマンゴーショップを開くということです（笑）。

QQイングリッシュの様子を写真でご覧ください。

カフェでは、陰山先生もお食事をされました。QQイングリッシュの特長の一つとして、フィリピンの先生と留学生が一緒に食事をすることになっています。その国の文化を知っていただくには、その国の料理を食べていただくのがいちばんいいと思っています。先生と留学生が、一緒にフィリピン料理を食べながら、とにかくいろいろなことを英語でしゃべってほしいのです。

QQイングリッシュの学生のうち、半分は日本人ですが、残りの半分は、韓国や台湾、インド、スイスなど、世界中から集まってきています。そこに六百人の先生が加われば、日本人は十％になりますので、できる限り、授業以外の時間にも、カフェトークなどコミュ

ニケーションをとってほしいと思っています。

ITパークは、もともとセブの飛行場だったところを再開発してできた街です。フィリピンの中でいちばん安全なエリアですから、ここでショッピングをしたり、レストランに行って食事をしたりして、英語を使っていろいろなことを楽しんでほしいと思っています。そんなことができる環境です。

JPモルガンとかアメリカンホームダイレクト、SBIといった大手の金融系の会社がITパークにオフィスを構えていますので、そこで働く人たちと話してもらうのもいいなあと思っています。

QQイングリッシュの学習環境について、ご紹介します。個室での学習とオープンなカフェスタイルでの学習ができます。私は、リラックスして英語が勉強できる施設をつくっていきたいと思っています。従来の特訓型の勉強に特化したものではなくて、もっとオープンな形で、交流してリラックスした形で英語の学習ができるような、今まで誰もつくってこなかった英会話学校の新しいビジネスモデルを確立したいと思っています。

Cebu I.T. Park

QQイングリッシュには寮も完備しています。

これまでの語学留学でいうと、アメリカやカナダ、オーストラリアに行ってホームステイをするというのが中心です。フィリピンの家にホームステイをしようとすると、シャワーが水なのは当たり前で、ドアはありません。屋根がついていればラッキーという感じです。先生たちの多くは、弟が甕に水を汲んできて、それをかぶるのがシャワーだという感じです。トイレの便器もカバーはないですね。留学生の暮らす寮と、先生たちの住んでいる家の環境とはあまりに違っているのが実態です。

一方で、フィリピンはとても豊かな国です。働かなくても何とかなる国とも言えます。私は、昨日フィリピンから帰ってきましたが、気温が三度の日本の気候のことを忘れて半袖のまま帰ってきてしまい、空港に着いたときに寒くてびっくりしました。フィリピンは今の時期でも、外で寝てしまったとしても大丈夫です。気温のことを心配する必要はありません。ですから、フィリピンの家には、ドアも窓ガラスもありません。山に行けばマンゴーとバナナがあって、海に行けば魚がいます。あまり働かなくても何とかなる国なのです。

QQイングリッシュの先生の八割が女性です。一割が女性にしか見えない男性。残りの一割が男に見える男性といった割合です。

QQイングリッシュの女の先生たちの旦那さんの中には、いわば「ダメ亭主」もいます。私も、初めはいい旦那さんだなと思っていました。朝は、いつもバイクで送ってきてくれるし、夜になればいつも迎えに来てくれるからです。でも実は、その旦那さんは昼間の間、何も仕事をしてないんですね。一族で誰か一人が働いて、それでお金を稼げれば、あとは山に行ってマンゴー取ってくれれば何とか暮らせるということもある、豊かな国なのです。

日本とか北の方に位置する国が発展したのは、それだけ頑張らないとだめな自然環境だからなのかなと思っているところです。南の国の女性は、子育てをするので頑張っていますが、男性はどうもだめですね。男性は、外敵がいないと頑張れないのかもしれません。生命の危機がないと、男性は頑張らないですね。

そんな背景があって、女性の先生がホスピタリティをもって、頑張って教えてくれています。

私は、フィリピンモデルという新しい形を創りたいと思っています。韓国の人たちがつくった学校は、価格は安いですけれど、欧米のそれと基本的には変わりません。

私は、そうではなくて、フィリピンが世界で英語を教えるのがいちばん上手だと確信していますので、フィリピン独自の方法を考えたいと思っているのです。

少し、バイクの話をさせてください。

私は、バイクが好きで、バイクの輸入・販売をしています。フランスのバイクもイタリアのバイクも、両方壊れますが、壊れ方が違います。

フランスのバイクの工場に行くと、ホワイトカラーのフランス人が、ブルーカラーのアフリカとかベトナムからの出稼ぎの人が仕事をしている様子をさぼっていないかと一生懸命見ています。それがフランスの方式です。

イタリアの工場では、職人がプライドをもっています。俺はフェラーリをつくっているんだとか、グッチをつくっているんだということが自慢なのです。ホワイトカラーとブルーカラーで、どっちが偉いとかどちらが上とか下とかいうのがありません。

では、フランスとイタリアのバイクで壊れ方がどう違うか。

オートバイは、タイヤがネジで留められています。フランスのオートバイは、ネジがきちんと締まっていないですね。ブルーカラーがさぼった仕事を、ホワイトカラーが見逃すと、タイヤががたがたと取れてしまうのです。

イタリアのバイクでは、そのようなことはありません。三のトルクで締めるべきところは、しっかりと三のトルクで締めています。でも、イタリア人は結構適当なところがあって、ネジをつけるということ自体を忘れてしまうのです。

ドイツとか日本のバイクは、本当に壊れません。

昔はホンダのバイクをコピーした中国製のバイクがありました。コピーバイクは、壊れるというのではなくて、崩壊してしまいます。直せないのです。バイク屋に修理に持ってきてもらっても買い換えてもらうしかない状態でした。

フランスのバイクもイタリアのバイクも壊れはしますが、その国の人たちはなんでそうなっているか分かっているので、直しながら長い間使っています。ちゃんと分かっている国が、うまくそれらと付き合っています。

私自身は、イタリアのオートバイが好きです。イタリアのバイクは、見えない裏側までメッキをしてあるものがあります。錆びているとかっこ悪いからという理由のようです。私に言わせると、その前にミラーを錆びないようにしてほしいと思いますけど。

そんな話を仲間としていると、日本は、さすが職人の国だなと思います。イタリアのバイクの裏側のメッキまで気づいたというような話をするのは、とても楽しいですね。

今あるものをコピーしたら、値段は安いものができるかもしれませんが、長い目で見なくてはいけないと思っています。ですから、フィリピンで欧米型のものをコピーして安さを売りにした英語学校ではなくて、フィリピンの特長を生かした英会話学校を創りたいと強く思っています。

5 今後のQQイングリッシュ

一対一の学習に対応した教材が、実はまだありません。一人の先生が、たくさんの生徒に教える教材は、欧米の有名なものを含めていろいろあります。でも、一対一のものがありません。

一人の先生がたくさんの生徒に使う教材は、グループの会話などが入っていますから一対一の学習ではものすごく使いにくいのです。

ですから、教材の開発から始めなくてはいけませんでした。一人称が終わっても、そのあとに二人称や三人称が出てこない教材もあります。時制も整理されていないものもあります。そんなことから、一つひとつ自分たちの手で開発しています。何もないところから、創り上げていくのは、とても面白いことです。何もないところから、フィリピンの英語を創り上げたいのです。

今後も、一対一の学習方法にはこだわっていきたいと思っています。

もう一つ、陰山先生が仰られていたのですが、フィリピンの先生の明るさと楽しさを生

ENGLISH ONLY POLICY

かすということを何よりも大切にしていきたいと思います。

私は気づいていませんでした。フィリピンの人たちが備えているいちばんのものは、明るく楽しく授業ができることだということを。これは、教育にとって、すごく大切なことだと陰山先生に仰っていただいて気づいたことです。

今後は、そのよさをもっと生かして、陰山先生と協力しながら、徹底反復の考えに基づくカラン・メソッドを中心とした教材の開発をしていきたいと思っています。

そして、QQイングリッシュは、小学校用の英語もやっていきたいと思っています。ご紹介したITパークで授業をすると寮から通っていただかないといけませんので、小学生たちを受け入れるのは難しいと考え、フィリピンの海沿いにホテルを一個長期で借りて、ここに新しい学校をつくりはじめています。

フィリピンに留学するというと、皆、海沿いのロケーションをイメージすると思います。私が留学した学校は元ハーバービューホテルという名前でしたので、当然海のそばだと思ったのですが、屋上で背伸びをしないと海が見えない立地でがっかりしたことがあります。ハーバーが見えないのです。

Sea front campus
QQE's new campus is coming soon !

QQイングリッシュは、海沿いに学校をつくって、子どもを受け入れて英語の授業だけではなくて人間育成も含めて、目の前の海を見ながら、伸び伸びと勉強ができるような学校をつくります。大人の中に子どもが交じる環境では、大人も子どもも、お互いが伸び伸びとできないと思いますので、子ども専用のエリアをつくって、その中に学校も宿泊設備も用意します。

子どもがどういった環境だったら勉強がしっかりできるかを、陰山先生からご指導いただきながら、新しい学校をつくっています。

上の写真は、現在、建設中の校舎です。二〇一四年の七月から工事をスタートして、そのときには三か月で完成すると言われましたので、十月オープンの予定だったのですが、先日聞いたらまた「あと三か月」と言われてしまいました。二〇一五年の三月には生徒が入ってきますので、工事を急いでいるところです。その後、オープンは、二〇一五年四月六日に決まりました。

親子留学とか小学校の合宿も、二〇一五年の夏には、陰山先生と協力して始めたいと考えています。

私は、学校のインフラをつくります。陰山先生には学習内容をつくっていただき、力を合わせて、新しい英語教育を創り上げていきたいと思っています。

陰山先生の指導のもと、欧米にはない、フィリピンの明るさと徹底反復を生かした英語教育を創っていくことを決意して、お話を終わらせていただきます。

6 セミナー参加者からの質問に答える

質問　人材育成がとても重要ということですが、学生の数が急増した場合には、どのように対応される予定ですか？

藤岡　今、先生への応募が一か月で三百〜四百人あって、そのうちの数人を採用している状態です。

ＱＱイングリッシュの先生になるということが、セブ島ではいちばん人気があり、あこがれになっていると思っています。韓国の学校は、全員パートタイマーとしてしか採用しません。正規雇用しているのはＱＱイングリッシュだけです。

英語学校には、夏場は三百人ほども大挙して勉強に来てくれますが、普段は三十人くらいしか学生がいません。留学スタイルだけでは、時期による学生の数に大きな違いがあります。私たちは、オンラインとセットでやっていますから、学生の数が安定して、教師全員を正規雇用する方法を実現できているのです。

フィリピンは仕事が少ないので、ＱＱイングリッシュとしては、先生を一万人までは雇用できると考えています。現在、六百人、来年には千人近くなるだろうと思います。

一対一方式ですから、三十分一コマで、一日八時間で十六コマが限度です。一人の先生で十六人しか教えられない仕組みです。

大きくするのに先生がどうしてもたくさん必要になりますが、生徒が十万人になるまでは頑張ろうと思っています。


陰山　セブに行くと分かるのですが、フィリピンという国は、圧倒的に若い国です。いい仕事を求めている若者がたくさんいます。

フィリピンで小学校が終わる頃に校門の前にいたら、子どもたちがぞろぞろとたくさん出てくる風景に出くわしました。ずいぶん昔に見た日本の風景のようで、しばらく見ることのなかったものです。

圧倒的な数の若者が、先生の候補としているので、その点での心配はないだろうと私も思っています。

藤岡　インターネットの普及で、コールセンターの数でフィリピンは、インドを超えました。

外国に出て行かなくてもきちんと稼げるようになれば、フィリピン国内でもいい人材を採用できるだろうと思います。

いろいろ、好きなことをしゃべらせていただきましたが、ありがとうございました。

陰山　今日の藤岡さんのお話を聞きながら、私は、これまでの日本の学校という枠組みにこだわらないで、子どもたちのために何が必要かという視点で考えていくことが大切なのではないかと改めて思いました。ありがとうございました。

第三部　藤岡頼光氏　手記
「バイク便が始めたゼロからのフィリピン英会話事業」

学歴もなく、人脈もなく、そして英語も話せないバイク便がフィリピンで英会話事業に単身乗り込んだ。

毎年十%売り上げがダウンするバイク便、最盛期は二百社を超える会社が乱立した時代もあった。今ではほんの数社が生き残るだけだ。残念なことにQQ便はナンバーワンではない。さらなる飛躍が期待できない状況で打って出たのがフィリピンなのだ。「座して死すより」と背水の陣でバイク便は副社長に経営を任せ、全ての私財を処分して単身乗り込んだ。バイク便の私が何故、英会話事業を始めたかお話ししよう。

単なるバイク便

私は教師でもグローバルエリートでもないバイク好きのバイク乗りなのだ。バイクが好きでバイク便を始め、好きなバイクのメンテナンスのためにバイク屋を作り、好きなバイクを輸入したくて輸入業をやっている。きっかけは十年前、輸入の仕事で知り合ったイタリア人とバイクの話がしたくて語学留学に訪れた地がフィリピンだったのだ。

当時の私はエンジンの音を聞いただけでメーカーも排気量も直ぐに分かった。しかし英語の聞き取りはさっぱり分からず「L」とか「R」とかというレベルではなく、まさにさっぱり聞き取れなかったのだ。本当に一からの学習だったがフィリピンで英語を学んで話せるようになった。

四十歳からの学習だったが英語が話せるようになり人生が劇的に変わったのだ。今まではバイクが好きでバイクだけで人生が終わるはずだった私が、世界十か国でビジネスをするようになっている。英語を話せるようになって海外に出てみると、やってみたいことのオンパレードなのだ。こんな素敵な世界を知らずに死ぬのは勿体なさすぎる。少しでも多くの日本人に「英語を話せるようになって人生を変えて欲しい」と心の底から思った。そんな私の思いで始めたのが英会話事業なのである。

■フィリピンで大発見

フィリピン人は最高に英語を教えるのが上手いのだ。先ず声を大にして言いたいのはフィリピンで英会話学校を作ったのは人件費が安いからではない。世界で一番英語を教えるのが上手だと思ったからだ。あまり知られていないがフィリピンは世界第三位の英語圏（フィリピン大使館のホームページより）である。母国語はタガログ語だが、小学校の時から数学や、理科、社会など全ての授業を英語で行い、それを公用語としている国なのである。言ってみればフィリピン人は世界で一番成功した英語の学習者なのだ。

もともと話せるネイティブより、学習により習得したフィリピン人の方が英語の勉強の難しさを理解していて、的確に教えてくれる。そして何よりもフィリピン人の性格が教師に向いているのだ。世界中で働くフィリピンの看護士さんは優秀だと有名だ。そしてフィリピンの家政婦さんも世界で活躍している。これは大家族で育った彼女らがお互いに助け合い、他人に何かしてあげるのに慣れているからなのだ。教師もまさに他人に教えるわけだからフィリピン人の特性を生かせる最高の職業と言える。私は思わぬ大発見をしたのだった。フィリピンの教師は違う。たんなる英語が話せるだけのネイティブと専門の教育を受けたフィリピンのプロの教師の違いを試して欲しい。

■経営は日本式

フィリピンにある韓国人オーナーの英会話学校は素晴らしいマニュアルを作り、誰でも同じ品質で教えられるようにして欧米留学の安価版を作って勝負している。

私は日本が得意な高品質の学校を作ることにした。日本方式とは良い職人を時間をかけて育て品質で勝負する方法だ。私は教師も突き詰めれば職人だと思っている。私の学校にパートの教師はいない。全員正規雇用にして長期的な視点で人材育成をするのと同時に、徒弟制度のようなシステムを作り先輩が後輩を鍛える方法を採用したのだ。フィリピンの優秀な教師と日本の職人を鍛えるシステムを融合させ、欧米留学の安いコピー商品ではないフィリピンオリジナルの本当に英語が話せるようになる学校を作りたかったのだ。

海外のバイクを輸入して気づいた事だがコピーバイクは悲惨である。外装やカタログ的なパワーをまねすることはできても、その乗り味や、耐久性といった根本的な品質をまねできないからだ。

英語にも言えると思った。フィリピンの英語留学はこのままではコピーになってしまう。コピーバイクは出だしこそ安さで市場に広まるが、内容が伴わないと一気にしぼんでしまう。コピーバイクは今では声すら聞かないのはご存じだろう。

私はフィリピンでアメリカ留学でもイギリス留学、オーストラリア留学とも違う切り口で本当に英語が話せるようになる学校を作りたかったのだ。

■何故話せるようになったか

四十歳からのフィリピン留学だったが偶然見つけた学習法が効果をもたらした。

私は東京でのバイク便があるので長期留学することができなかったし、国内の英会話教室では継続できなかった。そこで時間ができると一週間、二週間といった短期でフィリピンに留学し、日本に帰って来たらフィリピンで知り合った先生とオンラインで勉強をしたのだった。オンライン英会話を継続するのは大変だったが時間ができたらまたフィリピンに留学すると思うと自然に勉強に力が入った。一年もたたないうちに英語が自然に口から飛び出てきたのだ。

■私の考える英会話学校とはこうだ

これからの英会話のキーワードはＬＣＣ（格安航空会社）とインターネット学習だ。ＬＣＣを使い現地に飛び込み特訓をし、インターネットを使いタブレットやスマートフォンでどこでも勉強するのが二十一世紀の英会話学習方法なのだ。

今までの欧米留学やオーストラリア留学では値段もそうだが何よりも距離が遠いので気軽に往復できない。しかしフィリピンには四～五時間で行くことができるのだ。ＬＣＣを使ってフィリピンに行き一週間英語の特訓をしても十数万円しかかからない。国内の英会話教室に高額費用を払うぐらいなら日本を飛び出した方がよっぽど有効なのだ。今まで留学というと会社を辞めなくてはいけなかったが、一週間の長期休暇が取れれば留学できるのである。もっとも一週間留学しただけでは直ぐに忘れてしまうし、環境に慣れるだけでも時間がかかってしまう。しかし事前にオンラインで学び帰ってからも継続できれば効果は絶大なのだ。

そしてフィリピン留学の特徴はマンツーマン授業である。グループクラスが中心の国内の英会話教室や欧米留学では話せる量が違うのだ。仮に一週間に三回一対四のグループレッスンや欧米留学をして一対十で学ぶのであればフィリピンに数週間留学してマンツーマンで特訓すれば一年分の会話量がこなせてしまう。

私の考える学習法とは、日本式の高品質でフィリピンの教師とマンツーマンで学ぶオンとオフを融合させた学習だ。私は本気で人生を変えたい人のためにQQイングリッシュを作ることにしたのである。

■これからのQQイングリッシュ

今フィリピン留学、オンライン英会話もそれぞれ二百社以上乱立している。私がバイク便を始めた時と同じ状況だ。これから過当競争が起こり数校に集約されるのであろう。私はバイク便のように三番で生き残る方法はしっている。一番の真似をして少し安くして少し良くすればいいのだ。しかし今回のフィリピン英会話事業では三番で生き残るつもりはない。誰もやっていない方法で一番を目指し頑張っていくつもりだ。

海外でのビジネスは想定外の連続で常に先がわからない。しかし先の見えない中を全力で走っていると、無心にアクセルを開けていた走り屋時代を思いだす。初めて走る峠道を全開で攻めながら、次のコーナーの後、道はどうなっているのか？　どんな景色が広がっているのか？　ワクワクしながら走っている心境なのだ。

フィリピンでの英会話ビジネスは私の持てる力を全て出し切っての勝負になると思っている。今までは国内の予選を戦っている状態だった。最近は大手資本が参入してきて、いよいよ全国大会が始まりそうだ。私たちは予選から走りこんできた走り屋チームだが負けるつもりはない。私の目標は日本グランプリ制覇ではなく、その後に控えているワールドグランプリに打って出る事なのだ。日本代表として世界を相手に戦い一番で走り抜けたいと思っている。

本書は、二〇一四年一二月二七日に京都市内のＲＯＪＥ（ＮＰＯ法人日本教育再興連盟）ホールで開催された「徹底反復研究会年末セミナー」の場で行われた、陰山英男氏と藤岡頼光氏のそれぞれの講演内容などをもとに再構成したものです。

講演者（詳細は、本文6・7ページに掲載）
陰山英男（かげやま・ひでお）
藤岡頼光（ふじおか・らいこう）

Edu-Talk シリーズ④
これからの英語教育
フィリピン発・英語学習法

2015年4月1日　第1刷発行

著　／陰山英男　藤岡頼光
発行者／中村宏隆
発行所／株式会社　中村堂
〒104-0043　東京都中央区湊3-11-7
湊92ビル4F
Tel.03(5244)9939　Fax.03(5244)9938
ホームページアドレス　http://www.nakadoh.com
カバーデザイン／森 秀典（佐川印刷株式会社）
編集協力・本文デザイン／小林 義昭（佐川印刷株式会社）
印刷・製本／佐川印刷株式会社

◆定価はカバーに記載してあります。
◆乱丁・落丁の場合はお取り替えいたします。

ISBN978-4-907571-12-2